детские
страхи

Каббалистическая психология:
набор инструментов по преодолению страхов

МЕЖДУНАРОДНАЯ
АКАДЕМИЯ
КАББАЛЫ

Д48 **Детские страхи.** Каббалистическая психология: набор инструментов по преодолению страхов. – Издательство Laitman Kabbalah Publishers, 2010. – 120 с.

B48 **Detskiye strahi.** Kabbalis cheskaya psihologiya: nabor instrumentov po preodo-leniu strshov. – by Laitman Kabbalah Publishers, 120 pages

ISBN 978-965-7065-96-9

Книга «Детские страхи» – первая в серии «Каббала и психология»; серии, призванной помочь в понимании себя и своих детей. Это особый путеводитель по страхам, который позволит родителям и детям справляться с ними вместе. Ее новшество кроется в особом подходе авторов (известных психологов, психиатров, ведущих специальных семинаров и преподавателей каббалы): страх не надо скрывать или подавлять. Напротив, нужно научиться правильно применять его, чтобы развиваться на его основе.

Авторский коллектив:
А. Бар-Йегуда, А. Ульянов, Г. Шадмон, И. Винокур, Л. Софер-Петман, И. Магнутова, М. Лайтман, О. Леви

ISBN 978-965-7065-96-9   © Laitman Kabbalah Publishers, 2023
                              © Лайтман М., 2023

Страх остаться в одиночестве, страх темноты, страх перед чудовищами, неудачами...

Страх – сильное и достаточно распространенное естественное чувство, важное в жизни детей и взрослых. Тем не менее, каждого родителя не раз обескураживали наивные и честные вопросы детей: «Почему я боюсь?», «Что мне делать со своим страхом?».

Перед вами захватывающее сочетание двух наук, тандем психологии и каббалы, набор новейших инструментов для преодоления страхов. Книга представляет вам последние данные психологии, касающиеся страхов в целом и детских страхов в частности, а также душевных и духовных корней этого явления. Здесь же предлагаются эффективные практические методы преодоления различных страхов у наших детей.

Книга не претендует на то, чтобы заменить профессиональную консультацию в случае, если она необходима, однако, безусловно, будет полезна родителям и воспитателям. Она поможет вам понять источник страха и его цель, а также предоставит отличную возможность укрепить связь с детьми, по-настоящему понять их и поддержать, как поддерживают товарищи в пути.

детские страхи

Каббалистическая психология:
набор инструментов
по преодолению страхов

содержание

Предисловие   9

Наводим порядок в страхах   13

Врожденные или приобретенные?   15
Между страхом и опустошением   19
Страх неведомого   21
Функции страха   23
Причина постепенного усиления страхов человечества   26
Повышенная и пониженная предрасположенность к страхам   28

Работа со страхом   31

Учить ребенка правде жизни   33
Уважать страх и понимать, что с его помощью я расту   36
Неприятные события в жизни: правильное отношение вместо страха   39
Природа мироздания как средство преодоления страхов   42
Создание правильного окружения для наших детей   45

Страх темноты 55

Происхождение страха темноты 57
Пути преодоления страха темноты у детей 59
Упражнения по преодолению страха темноты для родителей и детей 63

Игры и стихотворения на тему страха 67

Игра «Ты не один» 70
Пазл-сердце 74
Ролевая игра 76
Игра «История преодоления» 79
Игра «Явное и скрытое» 83
Игра с тенью 86
Стихотворение «А ночью, а ночью…» 88
Стихотворение «Преимущество света над тьмой» 91
Стихотворение «Страх – важная вещь» 94
История «О нас и о львах» 96
Игра «Что у меня в комнате?» 100
Пазл «Только вместе» 103
Короткая история «Сила любви» 106
Заключительное стихотворение 109

Предисловие

Глубоко внутри каждого из нас прячется какой-нибудь страх. И это неслучайно. Страх — естественное чувство, сильное, распространенное и весьма важное для детей и взрослых. Оно сопровождает нас всю жизнь, в разных формах и на разных уровнях.

Страх проявляется в неприятном эмоциональном и физическом ощущении в ответ на какую-либо угрозу, существующую в реальности, мыслях или воображении.

Основа страха — наш инстинкт самосохранения, желание уберечься от опасностей. В этом контексте страх играет положительную роль. Боязнь падения, внезапного шума, высоты, неизвестности, животных или смерти побуждает нас заботиться о своей безопасности и проявлять осторожность.

Воображаемые страхи — перед темнотой, чудовищами или ведьмами — являются естественным элементом развития детей. Проявляясь в определенной возрастной группе, они свидетельствуют о прогрессе в развитии ребенка и необходимы для роста. Страх чужаков, обычно свойственный младенцам в возрасте 6-9 месяцев, указывает на то, что ребенок уже узнаёт свою мать и отличает ее от других. Способность детей в возрасте 3-6 лет преодолевать страх перед чудовищами — признак того, что в них уже закрепились навыки, позволяющие отделять реальность от фантазии и справляться с внутренней агрессией, которая усиливается в этот период.

Вместе с тем, когда страх превышает сроки, отведенные ему на нужды развития, или когда его сила чересчур велика, это причиняет ребенку страдания и может помешать нормальной жизнедеятельности.

В чем различие между страхом и тревогой? Страх обращен на конкретный объект, а тревога – это общее субъективное ощущение страха, не связанное с конкретной причиной.

Исследования показывают, что от 5% до 10% населения западного мира страдают теми или иными тревожными расстройствами (паникой, фобиями и пр.). Кроме того, предполагается, что с годами такие непременные атрибуты современности, как бешеный темп жизни, соперничество и опустошенность лишь расширят масштабы этого явления.

Согласно науке каббала, страх лежит в основе всего живого и происходит из очень высокого духовного истока. Это фундаментальное ощущение определяет все наши дела, планы и надежды. Поняв источник страха и научившись правильно справляться с ним, мы сможем превратить его в трамплин на пути развития – для себя и своих детей.

Эта книга – первый в своем роде опыт соединения науки каббала и практической психологии, плод бесед, которые психологи, психотерапевты и социологи старшего звена провели с д-ром Михаэлем Лайтманом, руководителем Международной академии каббалы.

Великий каббалист XX столетия Бааль Сулам, придававший большое значение практической психологии, однозначно указывал на то, что каббала способна предоставить глубокое объяснение и всеобъемлющее понимание проблем современного мира. Она определяет их истинный корень, а также прослеживает их проявления на различных уровнях: духовном, душевном и физическом. Каббала может указать, какие из основных концепций психологии дадут реальный ответ на многочисленные вопросы наших дней. А психология со своей стороны может поставить нам информацию, собранную на базе лечения и исследований. В сочетании с каббалистической трактовкой эти данные обеспечат оптимальную терапию отдельному человеку и обществу в целом.

Цель книги

Хотя мы и понимаем, что страх – это естественное, часто встречающееся чувство, тем не менее, как родители мы не раз испытываем беспомощность перед страхами наших детей. Мы прикладываем огромные усилия, чтобы они перестали бояться, но далеко не всегда достигаем успеха.

Эта книга призвана помочь вам, родители, в заботе о ваших детях, чтобы они легче справлялись со страхом и даже посредством его расцветали. Правильно воспользовавшись предложенным здесь набором инструментов, вы получите возможность сблизиться с детьми и дать им почувствовать, что родители действительно понимают и поддерживают их, как товарищи в пути.

Построение книги

Сначала мы в общих чертах расскажем о страхах, психологически свойственных каждому возрасту. Затем мы рассмотрим причины страха с точки зрения психологии и добавим к этому объяснение их духовного корня, согласно каббале. В завершение мы предложим практические способы эффективной борьбы со страхом.

Успеха всем нам!

Наводим порядок в страхах

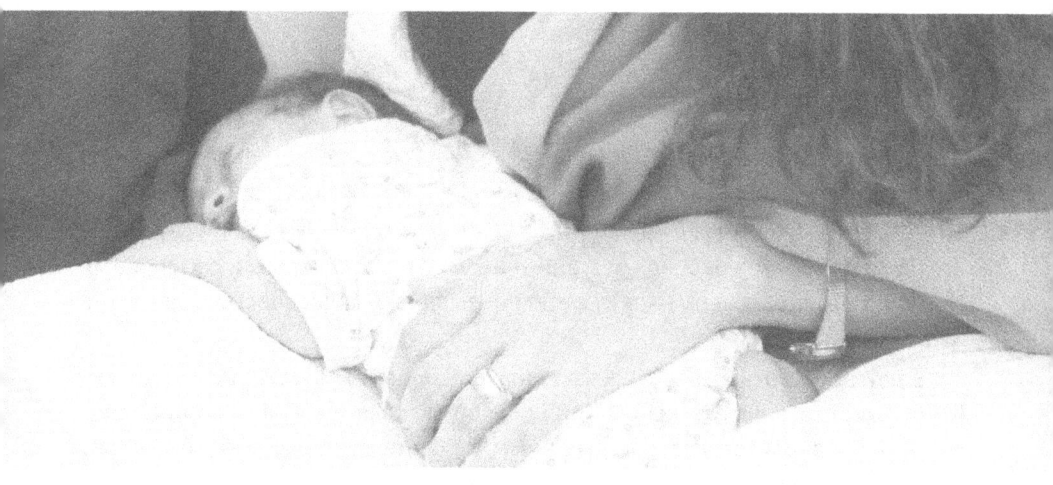

Врожденные или приобретенные?

В психологии есть несколько версий развития страхов и тревог. Исследования свидетельствуют о наличии целого спектра врожденных страхов. Даже младенцы одного дня от роду демонстрируют страх перед внезапным шумом и ярким светом. Другие страхи возникают в возрасте 6-8 месяцев: например, страх глубины или чужаков. В районе года у каждого ребенка появляется страх разлуки, который постепенно рассеивается по мере осознания родительской любви. Со временем ребенок начинает доверяться ей, даже если родителей нет рядом.

В нежном возрасте двух-трех лет часты страхи, связанные с приучением к чистоплотности, — например, страх исчезновения: ведь подобно воде, исчезающей в унитазе, ребенок тоже может пропасть. Страх быть покинутым достигает пика в районе двух лет. Крепко привязавшись к семье, малыш чувствует свою зависимость от родителей и очень опасается их ухода. Раз за разом он упражняется в том, чтобы еще чуть дальше отойти от них. Где-то в два с половиной года начинается страх темноты. Сама по себе темнота не страшна, однако в темноте исчезает то, что было известно и знакомо ребенку. Предметы, на которые он смотрел в свете дня, выглядят во мраке иначе, и ему трудно их узнать.

По мере того как ребенок растет и знакомится с окружением, расширяется и спектр его страхов, но наряду с этим повышается способность справляться с ними.

В детсадовском возрасте частота страхов достигает максимума. Появляются страхи, связанные с физической цельностью тела и с животными, а страх темноты становится распространенным явлением. Кроме того, поскольку границы между фантазией и реальностью еще размыты, возрастает агрессивность и усиливаются страхи перед чудовищами и ведьмами.

В школьном возрасте (от шести лет и далее) уменьшаются страхи, связанные с безопасностью тела. Зато развиваются новые страхи, обусловленные жизненными ситуациями, в которые попадает ребенок. Чаще всего в этот период он боится быть отвергнутым окружением, потерпеть неудачу и стать объектом насмешек учителей и товарищей.

В возрасте около шести лет развивается также страх гибели. Ребенок осознаёт, что время течет в одном направлении, и это подводит его к теме смерти, усиливая трепет перед ней.

В подростковом возрасте возникают страхи перед болезнями и заражениями, страх перед внутренними опасностями (различными побуждениями и импульсами, включая половые), а также страх перед воровством и взломом, связанный со страхом оставаться одному в темноте. У девочек иногда появляется страх перед похищением. Кроме того, следует вновь упомянуть страх социального отторжения и страх перед неизвестным будущим, то есть перед возможными неудачами в жизни.

- Международные исследования показали, что эти страхи возникают в сходных возрастах у детей всех культур.
- Преодоление страхов свидетельствует о росте и качественных переменах в уровне развития ребенка.

- Согласно этому подходу, врожденные межличностные различия приводят к большему или меньшему уклону в страхи.

С другой стороны, некоторые психологические школы считают, что решающую роль в формировании детских страхов играет среда. По их утверждению, ребенок учится тому, чего надо бояться, по реакциям взрослых на события, происходящие с ним и вокруг него. Кроме того, некоторые страхи приобретаются на базе собственного опыта: например, ребенок, укушенный собакой, предрасположен бояться собак. В таких случаях чем меньше возраст ребенка, тем более сильный и продолжительный страх вызывает в нем ключевое происшествие.

В последние десятилетия большинство психологов придерживаются комплексного подхода, сочетающего различные концепции.

Наука каббала расширяет горизонты психологии и объясняет логику, стоящую за современным представлением о страхе как комбинации врожденных свойств и привнесенных шаблонов поведения. В новорожденном младенце, как в капле семени, заложена вся информация о будущем человеке, который из него вырастет. Эта информация включает фундаментальные качества и наклонности, в том числе предрасположенность к страхам перед теми или иными вещами – страхам, которые неизбежно проявятся.

Грудного младенца можно сравнить с мягким пластилином или, говоря языком каббалистов, с «кушаньем, поставленным на плиту». С момента рождения он безотчетно впитывает от окружения различные модели и шаблоны, которые формируют его в соответствии с характером общества. Бааль Сулам в статье «Свобода воли» пишет об этом так:

> «Я сижу, одеваюсь, говорю, ем – всё это не потому, что я хочу так сидеть, так одеваться, так говорить или так есть, а потому что другие хотят, чтобы я сидел, одевался, говорил и ел таким образом. Всё это происходит в соответствии с желаниями и вкусами общества, а не по моему свободному желанию. Более того, всё это я делаю, как правило, вопреки собственному желанию. Ведь мне удобнее было бы вести себя просто, ничем не обременяя себя. Однако во всех своих движениях я скован железными цепями взглядов и нравов других людей, то есть обществом».

Иными словами, общество определяет, какие наклонности разовьются в человеке больше, а какие – меньше, и как он будет использовать их. К примеру: до какой степени в нем разовьются страхи, а главное, чего именно он будет бояться.

Вместе с тем, говорит каббала, вместо того чтобы страдать от своих врожденных наклонностей, мы можем использовать их во благо, обращая в духовное развитие. Страх – это положительное качество. Научившись верно применять его, мы обнаружим, что он проявляется не случайно и направляет нас к раскрытию универсального свойства любви, к совершенству и счастью. Однако нужно помнить, что ведущая роль на этом пути принадлежит окружению.

Еще раз предоставим слово Бааль Суламу:

> «Человек как основа находится в окружении, то есть в обществе, неизбежно подвергаясь его влиянию, подобно пшенице, подверженной влиянию окружающей среды. Ведь основа <наклонности человека или геном пшеницы> – это лишь сырая форма. А потому, вследствие непрерывного контакта и трения с окружением и обществом, человек постепенно проникается внешним влиянием…
>
> В этом преимущество силы человека над силой растительного уровня. Ведь пшеница может меняться лишь в частных деталях <по своему количеству и качеству>, тогда как человек под воздействием окружения способен меняться кардинально, полностью преображая наклонности, искореняя их и обращая в противоположные <от скупости к щедрости и т.п.>».

Между страхом и опустошением

Наука каббала указывает на силу, которая движет человеком, — желание наслаждений. В основе каждого нашего действия заложено желание извлечь из него максимальное удовольствие с минимальными усилиями.

Внутри нас сидит нечто вроде крошечного бухгалтера, который неустанно производит элементарный расчет на целесообразность и принимает решение, сравнив ожидаемое наслаждение с энергией, требующейся для его достижения. Если баланс оказывается положительным, внутренний импульс срывает нас с места. Если же баланс не в нашу пользу, мы не сдвинемся ни на сантиметр.

Бааль Сулам пишет об этом в статье «Свобода воли»:

> «На самом деле тут нет ничего, кроме расчета, который, на первый взгляд, является коммерческим. То есть, оценив будущие наслаждения или пользу, мы находим, что они предпочтительнее боли, причиняемой страданиями, и соглашаемся перенести ее сейчас <…> Всё как принято у торговцев.

> В конечном итоге нет разницы между человеком и животными. А раз так, то не существует вовсе свободного выбора по собственному разумению. Просто влекущая сила тянет нас к наслаждениям, попадающимся на пути в той или иной форме, а другая гонит от потенциальных страданий. С помощью двух этих сил Природа ведет всех туда, куда пожелает, совершенно никого не спрашивая».

Каббалисты делят наши желания на пять основных групп: **базисные** желания, связанные с едой, кровом и сексом, а также общественные желания, обращенные на **имущество, уважение, власть** и **знания**.

Над этими группами лежит желание, устремленное к духовному наполнению. Любопытно отметить, что американский психолог прошлого века Абрахам Маслоу почти так же разделил движущие человеком мотивы в знаменитой «пирамиде потребностей», которую он представил в 50-х годах.

Каббалисты (а с ними и Маслоу) объясняют: если мы испытаем неудовлетворенность в наших базисных желаниях, либо, хуже того, решим, что в ближайшем или отдаленном будущем нам не удастся наполнить себя, то нами овладеет страх. И напротив, когда наши желания удовлетворены, мы чувствуем уверенность, а страх уходит. Таким образом, **страх проистекает из неудовлетворенности или из опасения, что мы не сможем (или кто-то помешает нам) удовлетворить свои желания**. Наш импульс к наслаждению – материал, из которого мы созданы, – боится понести ущерб.

Младенцы демонстрируют замечательный пример этого механизма. Лежа на руках у матери, ребенок окутан ее теплом и любовью. Он ни в чем не испытывает недостатка, ощущая безопасность и комфорт. Когда же мать укладывает его и отходит от кроватки, ее отсутствие вызывает неудовлетворение и страх, который прекращается, лишь после того, как мама снова попадает в поле зрения ребенка. Тогда он опять успокаивается и безмятежно засыпает в ее объятиях.

Страх неведомого

Еще один страх, относящийся к числу основных, — страх перед неведомым. На первый взгляд он представляется отдельной разновидностью в общем ряду, однако в действительности речь идет об особой форме страха перед опустошением, когда ребенок или взрослый чувствует, что недостаточно понимает устройство мира, его механизмы или явления.

Психологически мы просто не в силах выносить состояние неопределенности. Это состояние — самый сильный источник наших волнений. Когда нам удается получить недостающую информацию, уровень страха значительно снижается. Как правило, мы не боимся, когда знаем, что́ нам предстоит и как правильно подойти к делу. Поэтому мы естественным образом склоняемся к тому, чтобы выяснять подробности и задавать вопросы, пока картина не прояснится. По природе своей мы не довольствуемся «верой» в то, что «так сложились обстоятельства», а испытываем потребность самостоятельно изучить интересующий нас предмет.

И здесь тоже самый наглядный пример демонстрируют дети. Они задают множество вопросов, чтобы выявлять действующие в жизни закономерности. Простое «почему?» и самые разнообразные его варианты знакомы всем родителям. Если картина не проясняется для них в достаточной мере, дети ощущают страх.

Итак, детские страхи могут проявляться в различных формах: страх темноты, чудовища под кроватью, звери и т.д. Однако источник всех страхов один – незнание законов, действующих в мире и управляющих им. Если мы больше будем рассказывать детям о природе мира, в котором они живут, о явлениях, которые ему свойственны и не свойственны, а главное, если мы объясним, что все их страхи проистекают из того, как они воспринимают реальность, тогда мы увидим, как страхи постепенно улетучиваются, а их место занимают уверенность и спокойствие.

Функции страха

Страх как свойство выживания

Страх необходим для выживания. Он оберегает нас, предотвращает вред, который мы могли бы нанести самим себе, помогает защищаться — и потому он позитивен. Если бы мы не боялись, то по незнанию совали бы руки в огонь, прыгали с крыши, приближались к опасным собакам и тому подобное.

Мы учим своих детей остерегаться, быть осмотрительными, не ходить в определенные места, не играть в определенные игры, держаться подальше от тех, кто может представлять опасность. Фактически, желая защитить своих чад, мы постоянно сеем в них страх.

Аналогичное поведение можно проследить и у животных. Львица берет детенышей на прогулку, чтобы обучить их жизни в саванне. На деле она учит их правилам выживания посредством страха — в точности, как и мы. Сначала львята узнают о ситуациях, опасных для жизни, после чего мать показывает им, как добывать пищу, и прививает другие необходимые навыки. Пока детеныши не повзрослеют, она сама ведет охоту, параллельно обучая их тому, чего надо бояться, а чего не стоит.

Страх как фактор развития

Возможно, это покажется немного странным, однако страх побуждает нас развиваться. В конечном счете все страхи ведут к реализации заложенного в нас потенциала, и в этом на самом деле кроется подлинная причина их существования. Чем больше мы боимся, тем больше у нас возможностей для развития и самореализации, или, выражаясь языком каббалистов, для самоисправления. Что это означает?

Все мы обладаем свойствами и склонностями, которые считаем «отрицательными», – например: зависть, ненависть, похоть, гордыня, страх и др. Согласно науке каббала, **в них нет ничего плохого**, поскольку ничто не создано бесцельно. Всё, что от нас требуется, это исправить способ применения наших качеств, переключиться с одного лишь личного блага на благо общее.

Цель страха – подвести нас к пониманию того факта, что мы не в силах сами удовлетворить, наполнить себя. Нам чего-то хочется, мы к чему-то стремимся и в итоге добиваемся успеха. Пик наслаждения наступает, когда мы, наконец, достигаем желанной цели, но затем это чувство ослабевает и сходит на нет.

Вот мы въезжаем в новую квартиру или в новый дом, о котором мечтали чуть ли не с рождения. В первое время каждый миг для нас – блаженство. Но куда девается это волнующее чувство спустя год, а то и раньше?

Ответ прост: так устроено наше желание. Мы никогда не сможем наполнить себя на долгое время. Любое наслаждение когда-нибудь иссякает, и мы снова включаемся в гонку, чтобы удовлетворить следующее желание. Хотите верьте, хотите нет, но это доказанный наукой факт.

Десятки научных исследований, опубликованных в последние годы (к примеру, знаменитые работы нобелевских лауреатов Дэниела Канемана и Амоса Тверски), а также сотни каббалистических трудов, увидевших свет столетия и тысячелетия назад, указывают на то, что человек во всем преследует лишь собственные интересы и ведет бесконечную погоню за счастьем, которое все время ускользает сквозь пальцы. Как сказали мудрецы: «Кто достиг желаемого, тот хочет вдвое больше».

Однако если мы начнем использовать свои наклонности в интересах окружающих, обнаружится удивительная вещь: наслаждение, которое мы испытаем, не только не исчезнет, но будет расти по мере объединения с другими людьми. Так же мать получает безграничное удовольствие, когда наслаждаются ее дети.

Таким образом, у нас есть возможность включиться в замечательный процесс. Вместо того чтобы бояться только за себя и страдать от этого всю жизнь, наука каббала предлагает нам бояться того, что мы не сможем помогать другим. Она объясняет, как выстраивать правильные отношения между нами и ближайшим окружением, ощущая его радости, как свои собственные. Научившись этому, человек вступит во взаимодействие с силой высшего порядка, которая приносит бесконечное наслаждение.

Тогда, оглянувшись назад, мы увидим, что именно эта сила изначально пробуждала в нас страхи, чтобы мы искали верное сопряжение со средой. Эта особая связь называется в каббале «трепетом», а преодоление страхов описывается как «подъем» над ними.

Нет нужды заглушать, изгонять или пытаться игнорировать свой страх — нужно работать с ним правильным образом. Объяснив это детям, мы увидим, как они начнут приподниматься над страхом и понимать, что в их силах управлять им.

Если наши дети взглянут на страхи с этих твердых позиций, из бастиона безопасности, если вместе с нами проследят за причинами своих тревог, разберутся в их источнике и ясно увидят всю пользу подъема над ними, то им раскроется новая глубина в картине мира. Поняв много нового о себе самих и о том, что пред ними предстает, они научатся властвовать над страхами, вместо того чтобы страхи властвовали над ними. Страх станет для них подмогой, выстроенной на противостоянии, стимулом роста и развития.

Причина постепенного усиления страхов человечества

Как уже было сказано, страх побуждает человека к развитию. Если бы мы не боялись, то пренебрегали бы своим будущим, не заботились о выживании, не разрабатывали новые технологии и не стремились достичь чего-то в жизни. Например, резонно предположить, что без страха за экономическое благополучие семьи мы не спешили бы выходить на работу.

В прошлых столетиях у человека было меньше поводов для тревог. Он мог оставаться в своей деревне годами, он отлично знал свое хозяйство, своих домочадцев и соседей, и это удовлетворяло все его потребности. Однако из поколения в поколение желание наслаждений развивалось всё быстрее. Поначалу людям хватало крыши над головой, сексуальной связи и регулярного приема пищи, а сегодня нас не в силах удовлетворить переполненные товарами супермаркеты и чудеса технологии от мобильников до космического туризма.

Дело в том, что наши страхи вытекают из вечного внутреннего вопроса: «Сумею ли я наполнить себя?» Поэтому с ростом желаний усиливается и страх: «А что если я не добьюсь желаемого?»

Человеческое общество становится всё более глобальным, его постоянно пронизывают новые взаимосвязи, и они тоже являются источниками страхов. СМИ предпочитают акцентировать внимание на таких аспектах, которые не могут не тревожить, а то и откровенно пугать. Современный человек живет в зыбком мире, не зная, чтó готовит ему грядущий день, и потому им владеют страхи.

Вернемся к теме юного поколения.

Хотя мы видим в нем лишь маленьких детей, наука каббала предлагает нам надеть другие «очки», чтобы взглянуть в лицо реальности. В нашем мире нет новых душ. Меняются лишь тела, а дýши продолжают кругообороты от начала мира. В сущности, наши дети очень-очень «стары»…

Из одного кругооборота в другой мы тянем за собою накопленный «багаж»: все тревоги и разочарования, все успехи и неудачи. Пока мы не сменим свое отношение к страху, он будет возвращаться вновь и вновь, принимая всё более неблаговидные формы.

Отсюда становится ясно, почему молодое поколение бежит от жизни или не желает идти по ней в соответствии с нашими пожеланиями. Глядя на мир, который мы для них создали, и на нас самих, дети нового века отметают этот путь, подсознательно догадываясь, что он не сделает их счастливыми.

Ища замену, подростки ускользают в искусственное, виртуальное окружение, и проводят в нем бóльшую часть времени. Естественно, ведь «экранная среда» позволяет им жить, не испытывая слишком сильного давления страхов прошлых поколений и не подпадая под их власть.

Повышенная и пониженная предрасположенность к страхам

Как уже сказано, страх необходим для выживания, он способен подстегнуть личное и социальное процветание. Вот почему люди предрасположены испытывать страх. И напротив, отсутствие страха может свидетельствовать о патологическом отклонении.

Предрасположенность к страху заложена в основе мироздания – в нашем желании наслаждаться. Чем деликатнее это желание, то есть чем ребенок чувствительнее к окружающей действительности, тем больше он боится возможных ощущений. «Нежный» в этом смысле ребенок сильнее озабочен мыслями о том, какими будут его чувства: позитивными или негативными, испытает ли он плохое ощущение в том или ином состоянии, и т.д.

Интересно, что дети, склонные к более чувствительному восприятию мира и «озабоченные» его реалиями, повзрослев, становятся большими учеными,

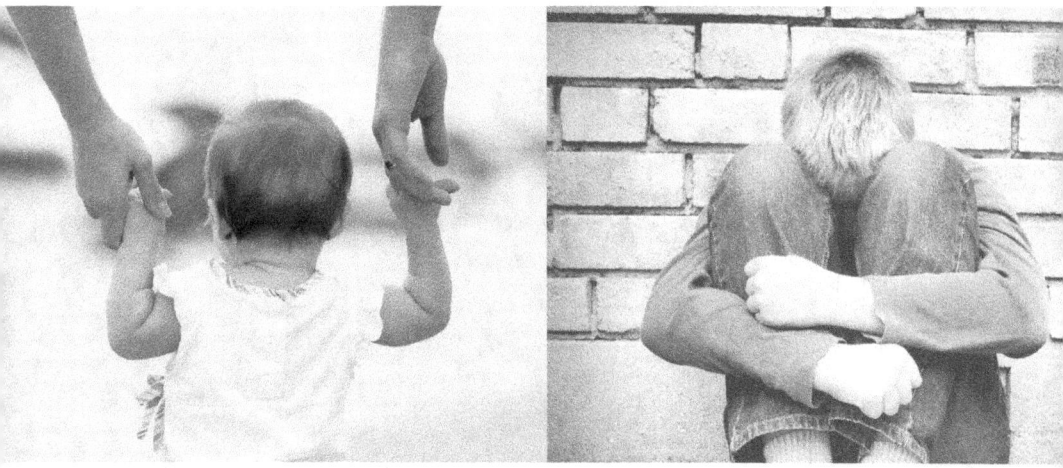

писателями, музыкантами, художниками и т.п. Однако следует добавить, что подобное неутихающее чувство вызывает усталость, пульсируя в сознании без особой пользы. Психология называет это «работой волнения».

С другой стороны, некоторые взрослые и дети не испытывают страхов. Как следствие, их проблемой является выживание, поскольку они не избегают опасностей. А кроме того, часто они бывают обделены совестью и социальной моралью. Их внутреннее желание воспринимает действительность совершенно иначе, и потому им очень сложно сопереживать ближним и интегрироваться в общество. В чрезвычайных ситуациях, а также, как правило, во враждебном окружении (в условиях издевательства, пренебрежения) человек может стать психопатом, совершенно не чувствующим страданий других. Такие люди обычно скатываются до тяжелых преступлений. Они не понимают, что́ испытывает ближний, у них нет представления об участии и заботе, и потому они совершают ужасные вещи, не придавая этому особого значения…

Работа со страхом

Учить ребенка правде жизни

Самый надежный способ справиться со страхами наших детей, говорит наука каббала, это научить их разумному взгляду на вещи, заложить в них реальный, научный подход к жизни. Не раз мы слышали от своего ребенка о том, что он боится ведьмы в шкафу, привидений или чудовища под кроватью. Чтобы он преодолел этот страх, нужно рассказать ему правду: объекты его страхов не существуют в природе, они всего лишь плод его воображения, картинки, рисующиеся в разуме, который еще не разобрался в реальном мире.

Древние каббалистические источники объясняют, что мысли, не сфокусированные на чем-то конкретном, могут породить у ребенка фантазии или абстрактные образы, не существующие в реальности. Так же во сне мы видим иногда странные вещи, потому что недостаточная связь с «материей» позволяет абстракции проявляться в различных формах. Наш долг объяснять ребенку, что речь идет только о воображении, поскольку на деле формы всегда «облачаются в материал». Мы живем в реальном, материальном мире, где нет чудовищ, а есть лишь выдумки, посещающие нас во сне.

С раннего возраста нужно предъявлять и описывать ребенку только подлинную реальность, без лжи и «модификаций». Животные не разговаривают и не поют, фей нет, чудес не бывает. В противном случае, у ребенка создается представление о том, что звери думают и общаются, как мы, что кто-то или что-то может обладать сверхъестественными, магическими силами, и т.п. Наводняя неопытные умы множеством вымышленных образов, мы не только поощряем детей к отрыву от действительности, но и предрасполагаем их к тому, чтобы переносить эти домыслы в другие сферы своей жизни. Так ребенок приучается к иллюзорному подходу, отключается от реальности и утрачивает здравое, ясное отношение к ней.

Как мы уже говорили, функция страха состоит в том, чтобы оберегать человека и предостерегать его от опасностей. Однако это касается страхов лишь перед существующими в реальности вещами, о которых у нас нет достаточной информации. Данный момент рекомендуется постоянно подчеркивать в разговорах с детьми. Правда, у них очень развито воображение, и до 5-6 лет границы между воображаемым и реальным еще размыты, и все же надо стараться снова и снова объяснять и разжевывать им, что страх вызван недостатком информации, а не химерами, лишенными всякой связи с реальным миром.

Казалось бы, что в этом нового? Разумеется, мы объясняем ребенку, что на самом деле у него под кроватью не прячется дракон. Подлинное новшество — это понимание того факта, что когда мы поощряем фантазии и придаем им почти такой же вес, как и реалиям, наши дети начинают думать, что сказочные персонажи живут в нашем мире, — нужно только отыскать их. Сами того не желая и не ведая, мы искажаем мировосприятие ребенка на всю оставшуюся жизнь.

Если мы хотим поддержать ребенка в преодолении какого-либо страха, то должны помочь ему лучше узнать мир. В таком случае страх становится тем фактором, который побуждает человека обретать всё новые знания. Например, если ребенок боится темноты или видит в ней пугающие образы, можно включить свет и продемонстрировать ему, что ничего не изменилось: «Сейчас свет горит, а сейчас – нет, и всё осталось на своих местах». При этом стоит вместе перебрать все предметы в комнате, чтобы ребенок сам убедился в отсутствии всяких перемен.

Другой способ преодолеть страхи – это рассказать ребенку «историю страшных историй». Начать с древнегреческой культуры, которая из-за незнания законов природы культивировала веру в сверхъестественные силы и божества. Продолжить про небылицы о чудовищах, духах и привидениях, которые распространяли религии, чтобы запугать людей и сделать их своими покорными прихожанами. Наконец, перейти к народным сказкам о лесных существах, о которых из уст в уста распространяли слухи в средневековый период, а сегодня часто изображают в смешных формах.

В целом бороться с воображаемыми страхами детей лучше всего так:
- восполнять пробелы в знаниях ребенка, чтобы он правильно смотрел на мир;
- придавать ребенку уверенность и обеспечивать его как можно более широкой социальной поддержкой дома и в воспитательных учреждениях (подробнее об этом читайте в статье **«Интеграция в группу»**).
- призывать ребенка не бояться того, что страшно, а приподниматься над своим страхом, насколько это возможно.

Подъем над страхом произойдет тогда, когда ребенок сумеет убедить себя, что абстрактные образы, возникающие в его фантазиях, на деле не существуют.

Уважать страх и понимать, что с его помощью я расту

Мы уже говорили о том, что страх занимает важное место в нашей жизни. Нам следует уважать, а не подавлять его, потому что без страха мы не могли бы выживать и развиваться. Часто мы пытаемся прогнать страх или, по безвыходности, усыпить его – лишь потому, что не знаем других способов справиться с ним.

Было бы очень неплохо понять самим и объяснить нашим детям, что страхи не должны исчезать, а вместо этого мы должны подниматься над ними. Иными словами, надо с практической точки зрения рассматривать все страхи, проблемы и изъяны, а также опустошенность, бессилие и прочие состояния, которые мы испытываем. Над ними, на их основе дети могут подрасти до той ступени, где почувствуют себя в безопасности. Как? Для этого и существуют родители, которые будут направлять их.

Но сперва необходимо дать пояснение, которое играет центральную роль во всем, что касается работы с детскими страхами.

Как родители мы должны понимать, что страх важен не только для сохранения жизни, но и для развития. Поэтому, когда в ребенке просыпается страх, прежде всего надо проверить, характерен ли он для данного возраста. Если это так, если страх возник в «подходящий» период, то от нас требуется поддержка и содействие, но в то же время – осторожность в защитных мерах. Ребенку необходимо прочувствовать свой страх, чтобы захотеть преодолеть его. Преодоление страха ознаменует для него важный шаг в понимании мира и себя самого.

После шести лет, когда в ребенке уже окрепла способность отличать вымыслы от реальности, когда он уже проводит границу между внутренним миром и внешним окружением, у него появляется возможность реальнее оценивать то, что с ним происходит. Тогда мы можем вместе с ним приступить к более глубокому анализу источников страха. После того как ребенок твердо усвоил, что в мире нет ведьм, чертей и чудищ, и что все они – лишь плод нашего воображения, наступает следующий этап, который позволяет нам направлять ребенка на внутренний, а не внешний разбор событий. Теперь он способен встретиться и справиться с самим собой, а не с мнимыми персонажами, наводящими страх снаружи.

Только когда ребенок эмоционально созреет для этого, можно начать объяснять ему, что все пугающие явления проявляются лишь затем, чтобы помочь его росту и развитию. Что это значит?

Допустим, ребенок увидел по телевизору пугающего персонажа и теперь боится его. Один из способов справиться с подобным страхом – поговорить с ребенком и объяснить ему, что на самом деле этот образ просто не существует. Однако если ребенку кажется, что предмет его страха способен причинить ему что-то плохое – утянуть за собой, укусить или ударить, – возможно, это из-за того, что в нем самом есть нечто похожее. Именно это свойство в себе и нужно изменить. Мы обращаем взор ребенка на собственное эго, на «плохого мальчика внутри» – того самого, который заставляет его иногда добиваться успеха за чужой счет, который подчас завидует другим или не хочет, чтобы им было хорошо. Если вместе мы возьмем над ним верх – страх исчезнет.

Разумеется, подавать детям эту мысль нужно в соответствующей форме. Стоит объяснить им, что изначально в нас заложены семена добрых свойств и чувств, но их нужно развивать, выращивать. И наоборот, всякое отрицательное свойство или ощущение как будто приглашает нас заняться положительными качествами, чтобы они росли и крепли. Что это за положительные качества? Те, благодаря которым мы объединяемся с другими и заботимся об их благе.

Фактически, плохой персонаж – это отражение нашего эгоизма. Мы видим его и реагируем на него лишь потому, что и в нас самих проявляется иногда «плохое» отношение к другим детям. Иначе мы бы просто не замечали этого страшилу. Следовательно, мы будем бояться до тех пор, пока не изменим своего отношения к окружающим, пока не станем лучше. Вот и выходит, что пугающий образ в нашем воображении на самом деле очень нужен и полезен.

Если мы научим ребенка понимать себя и правильно трактовать свои состояния, то он будет радоваться, раскрывая в себе отрицательные эмоции, – ведь с их помощью он сможет вырасти и стать лучше. У него появится повод гордиться собой, гордиться тем, что он сумел справиться с плохими качествами, подняться над ними, а не подавил на какое-то время.

Далее мы приведем дополнительные примеры того, как справляться с теми или иными специфичными страхами, и подробно разберем вопрос о страхе темноты. Вместе с тем, стоит подчеркнуть, что пока вы не сведущи в различных видах страха и в его духовной подоплеке, желательно уделять меньше внимания какому-либо конкретному страху ребенка и больше сосредотачиваться на важной роли страха вообще, на возможности приподняться над ним к новому, лучшему состоянию.

Неприятные события в жизни: правильное отношение вместо страха

Одно из важнейших средств, которыми мы должны обеспечить детей, чтобы они поднимались над своими страхами, – это понимание того, как относиться к различным событиям жизни. Тем самым мы научим их придавать правильный вес каждому фактору.

Например, бывают случаи, когда ребенок упускает что-то, проваливает экзамен или даже уличается в чем-то запрещенном. Но даже если ему предстоит наказание или осуждение окружающих, он должен понимать, что и отрицательная реакция общества на его действия имеет свои границы. В конечном счете, его мир не рухнет, если он завалит контрольную или если учитель накажет его за неправильный поступок. Мы должны помогать ребенку, чтобы он умел соизмерять вещи и понимал вопреки своим опасениям: не бывает наказаний, с которыми невозможно справиться. При этом у него не останется реальных причин опасаться худшего, так как худшее просто не случится. У ребенка, который этого не понимает, любая неудача или негативное в его глазах событие вызывает большие страхи.

В свою очередь, мы, родители, должны отдавать себе отчет в том, что ребенку трудно перенимать общечеловеческие стандарты поведения. Не всегда он способен разглядеть, что у других людей есть такие же свойства, как у него, включая те, которые он и сам не жалует. Нередко он видит других через призму «совершенства», как будто они обладают только положительными качествами, тогда как его собственные качества представляются ему отрицательными и недостойными.

Мы должны объяснять ребенку, что свойства и желания «отрицательного» («плохого») типа есть у всех людей – даже у тех, кого он ценит и уважает. Если иногда мы ведем себя «некрасиво», это тоже в порядке вещей, ведь такова наша природа. Поэтому нет надобности принимать отрицательные поступки слишком близко к сердцу. Просто нами овладел «чертенок» и заставил сделать то, что мы сделали. Все люди, в том числе и родители, порой «оступаются», так что нет смысла усугублять нашу реакцию по отношению к ребенку и его реакцию по отношению к себе самому. Вместо того чтобы погрязать во «зле», надо учиться на жизненном опыте и продолжать путь.

В человеке нет плохих свойств, говорит наука каббала. Единственное зло – способ применения того, что в нас заложено. Мы рекомендуем родителям не наказывать ребенка за «плохое» поведение, а с детсадовского возраста обсуждать с ним возникающие проблемы, предлагая вместе подумать: почему мы созданы природой с такими свойствами? Чего, по сути, она требует от нас? Обладают ли теми же качествами и другие? Что можно предпринять, чтобы устремить свои порывы в позитивном направлении? И так далее.

Например, что выгадает ребенок, преодолев желание побить кого-то? Чего достигнет, если, несмотря на естественное неприятие, присоединится к другим и начнет действовать так же, как все части природы, гармонично дополняющие друг друга? Возможно, вместе вы придете к заключению, что если он научится использовать свои вспышки в целях объединения, если поймет, что в нем бурлит эгоистическая природа, и попробует не поддаться ей, а подняться над ней, – то его жизнь станет легче и комфортнее, потому что он взойдет на новую ступень взаимосвязи и взаимопонимания.

Совместные обсуждения и поиски решений помогут ребенку прийти к комплексному пониманию, которое побудит его иначе использовать свои отрицательные эмоции.

Природа мироздания как средство преодоления страхов

Один из основных страхов, особенно присущий детям, – страх перед тем, что кто-то может причинить нам зло.

Чтобы правильно преодолевать подобные страхи, нужно понять, что они проистекают из ощущения нарушенной связи между нами. Поэтому даже на подсознательном уровне, в любом окружении, включая семью, мы можем испытывать потребность в самозащите, боясь, как бы нам не сделали ничего плохого.

В таких случаях нужно укреплять в ребенке чувство принадлежности к обществу, чувство, что все мы относимся к единой совершенной системе под названием «Природа» и что в ней он никогда не остается в одиночестве.

Важно рассказывать ребенку о том, что Природа не ограничивается деревьями, цветами, собаками и прочими созданиями, но является выражением единой, всеобщей силы, закона, управляющего миром, в котором мы живем.

Свойства этой силы – любовь, равновесие и взаимосвязь множества частей. Каждая ее часть имеет четкое предназначение в тонком механизме всеобщего уравновешенного взаимодействия.

Когда ребенок осозна́ет, что за всем скрывается одна сила и мы находимся в ее любящих руках, это успокоит его и значительно облегчит противостояние страхам.

Однако недостаточно просто услышать об универсальной силе и даже согласиться с ее существованием. Чтобы преодолеть страх неизвестного, ребенку нужно помочь выявлять и исследовать закономерность проявлений этой силы, пока эта закономерность не станет ему ясна.

Другим путем реализации этой задачи может стать совместное изучение человеческого тела, в котором каждая клетка и каждый орган является частью общей системы и действует ей во благо. Например, в здоровом теле левая рука никогда не испугается того, что правая рука может сделать ей что-то плохое. В здоровом теле ни одна клетка не ограничивается своими личными интересами. Все системы организма нуждаются друг в друге и пребывают в совершенной гармонии, сообразно с указаниями мозга, соблюдая единство общих интересов.

Такая же закономерность свойственна всем частям природы. Когда лев пожирает лань, он делает это, потому что голоден, а не из злого умысла или желания причинить боль. Будучи сытым, он не причинит ей никакого вреда, а просто пройдет мимо. Более того, исследования показывают, что нередко волки выбирают из стада и съедают больных овец, предотвращая тем самым распространение эпидемий.

На первый взгляд нам кажется, что различные части природы живут сами по себе, однако в действительности каждая из них является важным и единственным в своем роде фрагментом большой мозаики, без которого невозможно чудо интегральной природной системы. Все ее части функционируют сообща ради достижения общей цели, и только эта здоровая схема позволяет каждой из них испытывать полное удовлетворение.

Единственный, кто выпадает из общего природного гомеостаза, – это человек. Его желание наслаждаться за счет других ведет к нарушению общего равновесия, а природа со своей стороны активизирует в человеке различные силы, чтобы вернуть его в изначальное состояние гармонии. По сути, этот процесс и является причиной всех наших бед. Если бы мы относились друг к другу по примеру природы, с любовью и взаимопониманием, то ощущали бы не страдания, а совершенство единой силы, поскольку стали бы подобны ей. Всеобщая взаимосвязь и обоюдная потребность друг в друге лишила бы нас страха перед злыми умыслами.

В сущности, такие перемены и происходят с детьми, когда они знакомятся с основами глобальной системы и механизмами ее жизнедеятельности. Факты, казавшиеся разрозненными, обретают для них смысл и склеиваются в общую картину мира, проникнутого единством и гармонией. Страхи, с которыми не смогли справиться ни слепые верования, ни механистический подход, ни социальные достижения, наконец-то, отступают перед чувством уверенности и покоя.

Создание правильного окружения для наших детей

Семейные рамки

Царящее в семье чувство тепла и безопасности – основной элемент развития любого ребенка. Если он ощущает причастность к первому в своей жизни окружению, состоящему из родных людей, а затем – к учебному окружению, то испытывает меньше страхов, а повзрослев, покидает милое гнездо с уверенностью в себе и в мире.

Одно из средств на этом пути – **ежедневный отчет**: каждый из членов семьи рассказывает о прожитом дне, выделяет существенные моменты, а затем указывает на то, какие поступки, страхи и мысли он хотел бы исправить и изменить уже с завтрашнего утра, а какие предпочел бы сохранить. На следующем этапе все участники предлагают возможные пути решения, позволяющие избавиться от описанных неприятных ощущений. И наконец, в семейный устав вписывается новый параграф, чтобы уже на следующий день никто не повторил ошибок, вызвавших душевный дискомфорт. Очень важно, чтобы родители, как и дети, принимали активное участие в этом мероприятии, опускаясь до «уровня глаз» ребенка и делясь воспоминаниями о событиях дня.

Это продемонстрирует ребенку, что все мы – взрослые и дети – в равной мере можем бояться, ошибаться и т.п., и вместе способны отыскивать решения, которые нам помогут. Так ребенок учится противостоять страхам и трудностям, понимает, как успокаивать себя, несмотря на препятствия, как добиваться успеха и собираться с силами для нового дня.

Вместе с тем важно отметить, что эта «домашняя работа» не заменит работу профессионалов в рамках группового воспитания.

Часто страх связан с низкой самооценкой. В этом случае родители могут хвалить ребенка, показывать, как уважительно они к нему относятся. Пускай знает и чувствует, что он молодец, что он очень здорово справляется со всеми играми и заданиями. Акцентируйте внимание на том, что он особенный, единственный в мире, что ему есть что сказать, и не просто сказать, а выполнить свои обещания. В конце концов, у души нет возраста, и потому ребенок тоже может посоветовать что-то своим родителям. Такое отношение повысит его самооценку, благодаря чему он почувствует уверенность в себе, а его страхи уменьшатся. Так от себялюбия, в котором ребенок нашел источник отрицательных ощущений, он переходит к чувству собственного достоинства и уверенности в своих силах.

Как мы уже говорили, когда у детей возникает страх, родители должны проверить, соответствует ли он данному возрасту, и найти способы облегчить ребенку этот период. В юном возрасте достаточно понимания причин страха и родительской поддержки. Однако в более зрелые годы ежедневный семейный отчет может принести большую пользу.

В два года, когда страх остаться покинутым достигает своего пика, ребенок, до сих пор без труда расстававшийся с родителями, вдруг становится испуганным без видимой причины и ходит за мамой повсюду, даже дома. Здесь важно не забывать, что речь идет о переходном периоде в его миропонимании. Поэтому рекомендуется снизить до минимума количество расставаний в течение дня, проявлять повышенную чуткость, когда мы все-таки оставляем ребенка, давать больше объяснений и обещать вернуться поскорее. Кроме того, стоит обеспечить ему более ощутимую поддержку окружения, которое будет отвлекать его внимание теми или иными способами, а также сигнализировать ему всеми доступными средствами, как крепко его любят. Следует помнить, что в сложные периоды жизни ребенок нуждается в особом отношении.

В возрасте от двух до пяти лет с появлением страха перед чудовищами можно обсуждать и выяснять с ребенком, чего он боится, рассказывать о том, как и мы боялись, когда были маленькими. Хороший пример могут подать старшие братья и сестры, поведав во время ежедневного отчета о своих прошлых страхах и даже о том, как они преодолевали различные страхи различными путями. Можно также почитать адаптированные под соответствующий возраст рассказы о преодолении трудностей и/или страхов. Некоторые книги описывают страхи открыто, тогда как народные сказки подают те же идеи иносказательно.

Интеграция в группу

Человек — существо социальное, он зависит от общества и потому с помощью общества может восполнять всё то, чего ему недостает «внутри». Страхи и тревоги — следствие наших неудовлетворенных потребностей и желаний. Значит, решение проблемы страхов кроется в построении правильных отношений в обществе. Если мы почувствуем, что общество способно обеспечить нам всё недостающее, то забудем о страхе — ведь тем самым упразднится элемент, который его порождает. В действительности общество может добиться подобного эффекта и с теми страхами, которые как будто не связаны с человеческим фактором, — такими как клаустрофобия, страх темноты и т.п.

Чувство семейного окружения формируется у ребенка с первых дней жизни. Сначала он воспринимает только мать, которая служит ему «окружением». Затем он замечает отца и остальных членов семьи. В два с половиной – три года ребенок начинает выделять и воспринимать широкое окружение вне своей семьи. С этого возраста желательно направлять его на построение социальной группы и укоренять в нем основополагающее ощущение того, что он является важной частью этой группы и своего окружения в целом.

Например, если поместить ребенка (особенно ребенка, предрасположенного к страхам) в спортивную команду или в любую другую группу, успех которой является общим для всех членов, то он проникнется чувством поддержки и уверенности, которое необходимо ему для преодоления страхов.

Отсюда следует, что, организовав для ребенка правильное окружение, которое будет придавать ему позитивный настрой, мы уменьшим, а возможно, сведем к нулю большинство страхов и тревог, наполняющих его мир сегодня.

Работа в группе: детсад и школа

Чтобы помочь ребенку выстроить правильное отношение к жизни, мы рекомендуем каждому воспитательному коллективу, будь то детсадовская группа или школьный класс, прибегать к услугам профессионального психолога, который находится среди детей, знаком с каждым из них лично и знает, как обращаться с ними. Задачей этого «группового терапевта» будет направлять и приучать детей к правильному взгляду на мир и на события повседневной жизни группы, согласно вышеописанным принципам.

Он должен проводить долгое время с членами группы, чтобы стать ее частью и буквально «смешаться» с детьми. Он должен играть с ними и присутствовать при их ссорах, так чтобы они считали его «своим». Только тогда каждый ребенок окажется в сфере досягаемости специалиста, и он сможет работать с группой, направляя ее при помощи своих профессиональных знаний.

Целесообразно проводить в группе ежедневный разбор событий. Это по-

зволит каждому ребенку проводить самоанализ и в то же время перенимать совместный групповой подход. В группах детсадовского возраста специалист должен инициировать короткие беседы по схеме: «Сегодня мы поговорим о том, чего боимся», выстраивая их ход и вплетая в них подходящие для данного возраста игровые фрагменты, пока дети вместе не выяснят, какие средства помогут им справиться со страхами. Кроме того, в этот период следует больше сосредотачиваться на обретении опыта жизни в группе, благодаря чему дети узна́ют, как противостоять трудностям и страхам.

В нежном и детсадовском возрасте, когда ребенок весьма подвержен групповому влиянию, надо проявлять осторожность, чтобы совместная беседа не породила страхи у остальных детей. Желая помочь вам в этом, мы поместили в конце этой брошюры рекомендацию о том, как проводить такую беседу с детьми юного возраста.

В рамках школы конец учебного дня можно посвящать чему-то вроде совместной итоговой беседы. Ученики, избираемые с этой целью каждый день, опишут последние события в группе: ситуации, которые они наблюдали, характер разговоров между членами группы и т.п. Кроме того, они попробуют объяснить, почему события разворачивались именно так. Наблюдать за этими беседами могут дети с шести лет. Само собой, подобным мероприятиям должно сопутствовать еще более плотное профессиональное сопровождение. Специалист будет обучать и инструктировать детей, как и на что смотреть, в какой форме рассказывать о своих наблюдениях во время беседы. Возможно, старшие дети пройдут инструктаж по проведению таких встреч, чтобы в свою очередь руководить младшими.

Итоговые беседы можно сочетать с **ролевыми играми**, которые так естественны в детском саду, однако, к сожалению, исчезают в школьном возрасте. В подобных играх дети будут изображать разные персонажи: то ребенка, испытывающего страх, то его товарищей, которые приходят на помощь, то родителей, оказывающих поддержку и предлагающих различные способы, чтобы справиться с проблемой. В конце представления актеры покажут, как их герой выбирает решение и преодолевает свой страх. Таким образом дети попробуют почувствовать себя в шкуре своих сверстников, поступивших именно так, а не иначе, и испытают себя в целом спектре ощущений. Задача подобных мероприятий в том, чтобы дети начали понимать себя и своих товарищей, а главное, чтобы они старались откликаться на каждое мгновение своей жизни и извлекать из него полезные уроки.

Мы рекомендуем, чтобы описанный процесс сопровождал «групповой терапевт», помогая и направляя обсуждение к правильной оценке событий. По результатам каждой беседы группа будет записывать свои выводы в особой «Книге итогов». Эта книга будет содержать описания происшествий (эпизоды и реакция на них), которые могут произойти, и методы, которые решено использовать в таких случаях. Конечная цель – подготовить пособие, из которого дети будут знать, как им вести себя в группе, чтобы радовать товарищей, придавая им чувство безопасности и принадлежности к общему делу.

Нетрудно представить, насколько пригодится детям этот опыт в дальнейшей жизни. Вместо того чтобы страдать от беспомощности и смятения, вызванных неправильным отношением общества, они выйдут в жизнь, понимая человеческую природу и внутренние побуждения, движущие ими и окружающими. Они будут вооружены набором инструментов, позволяющих справиться с любой социальной проблемой в их жизни. Более того, они окажутся наиболее компетентными для того, чтобы вести общество, которое их вырастило, к идеалам справедливости и любви.

Фильтрация материалов

Информация, воздействию которой подвергается ребенок, оставляет глубокий отпечаток на его будущих чувствах и душевных состояниях, а также на личности, которая в нем формируется. Современные массмедиа, особенно телевидение и интернет, занимают важное место в жизни ребенка, и потому необходимо уделить им внимание, когда мы выстраиваем среду для своих детей. Однако прежде чем перейти к само собой разумеющимся истинам, задумайтесь на секунду: сколько у ребенка шансов бояться ведьм, если он никогда не видел и не слышал ни об одной из них?

Это не значит, что ребенок не будет страшиться неизвестного. Даже без пугающих кино- и телеперсонажей он все равно может видеть во сне странные образы или просто испытывать страх перед чем-то неопределенным – так уж мы устроены. И все же нет сомнений в том, что массмедиа вносят весомый вклад в развитие искаженных форм страха у наших детей. Из-за этого ситуация сегодня намного хуже, чем могла бы быть, если бы дети росли под влиянием потока позитивной информации.

Не раз мы оказываемся в абсурдном положении, пытаясь отыскать лекарства от болезней, которые сами же и изобрели. Поэтому очень важно тщательно отсортировывать и фильтровать материалы, которые поставляет телевидение, компьютер, интернет, газеты, спектакли, книги и т.д. Кроме прочего, это избавит детей от множества лишних страхов.

Окружение, и в частности СМИ, полнится всевозможными «возбудителями» страха: персонажи на телеэкранах, компьютерные игры, новости, реклама и прочие «прелести» современных средств коммуникации пробуждают в человеке пугающие фантазии, которых он не знал раньше. Так что не удивляйтесь, если ваш тихий и вполне адекватный ребенок после просмотра определенных материалов вдруг начнет вести себя странно и агрессивно или бояться каких-либо вещей. По свидетельству социальной психологии, увиденные на экране шаблоны поведения оседают в детях, чтобы проявить себя с течением времени. В определенных случаях, иногда сам того не сознавая, ребенок будет извлекать из воспоминаний ненужные, неудачные образцы. Только правильное окружение, обеспечивающее каждого позитивными шаблонами и чувством безопасности, даст нам гарантию защиты от привнесенных в детское воображение химер и шаблонов эксцентричного поведения.

Чтобы программы соответствовали нуждам детского развития, они должны содержать позитивные послания: различные способы сотрудничества и кооперации, важность желания помочь другому, фильмы, рассказывающие о природной гармонии и не акцентирующие внимание детей на агрессии и пугающих моментах, описания тех или иных занимательных явлений, которые могут послужить уроком и даже предметом вдохновения. Ведь детям нужны положительные эмоции, занимательные приключения, поучительные и **доставляющие удовольствие** впечатления.

В завершение

Выстроить для ребенка правильное окружение – это, возможно, самый важный и существенный пункт из всех вышеперечисленных. Качественные перемены в развитии, восприятии и поведении ребенка будут осуществимы, только если мы изменим среду, воздействию которой он подвергается. А иначе любой положительный результат, которого мы достигнем в работе с отдельно взятым ребенком, сведется на нет под влиянием окружения, не уважающего принципов обоюдности, любви и равенства. Пока мы, родители (или радетели), не мобилизуемся на подмогу детям с требованием системных, коренных перемен в том окружении, которое формируют СМИ и образовательные учреждения, результаты нашей работы останутся весьма ограниченными. Любящее и исправляющее окружение, обеспеченное в юном возрасте, способно избавить всё общество от очень больших проблем как личного, так и коллективного характера. С частью этих проблем сегодня мы уже столкнулись.

Страх темноты

Страх темноты относится к числу наиболее распространенных детских страхов. Поэтому мы выбрали его, чтобы проиллюстрировать, как может быть использована информация, приведенная в этой книге.

Происхождение страха темноты

Психология и наука каббала объясняют, что страх темноты является первичным, фундаментальным. Нет человека, который не испытывал бы этого страха в той или иной степени. Психология утверждает, что в его основе лежит страх утраты контроля над событиями. В темноте предметы выглядят непривычно или вообще не видны, что оставляет много места для воображения. Если оно овладевает ребенком в том возрасте, когда еще нет четкой границы между фантазией и реальностью, это вызывает сильное и пугающее чувство бесконтрольности.

Каббала добавляет к психологической концепции еще одно измерение. Тьма, по сути, и есть само творение. У пророка Исайи сказано: «Создаю свет и творю тьму, делаю мир и творю зло»¹ . Слово творю (ивр. . ברא) указывает на то, что находится вне Творца, т.е. вне силы любви. Арамейский корень בר означает нечто внешнее. Как малыш боится быть вдалеке от матери, так и мы подсознательно боимся быть вдалеке от источника любви, вне его. Таким образом, корень страха темноты, его глубинная причина – это страх духовной тьмы, страх остаться без света, без любви, без источника жизни. Чтобы справиться с этим чувством, нужно сформировать в себе ту силу, которая порождает любовь, найти, раскрыть ее в себе из тьмы – так, чтобы эта сила осталась с человеком навсегда.

Отсюда мы понимаем, что страх темноты насущно необходим и нам не нужно упразднять его. Ведь иначе мы не захотим выйти из тьмы к свету. Тьма, по каббале, – это обратная сторона света, которая служит «подмогой от противного», подталкивая нас вперед.

Надо выстроить правильное отношение к тьме: она вызвана не недостатком материальных благ: денег, уважения и т.п. Мы ощущаем тьму потому, что в действительности нам недостает чего-то большего – связи с той любовью, которая пронизывает мир. Цель тьмы – помочь нам добраться до более высоких, духовных деталей восприятия, чтобы постичь свет и наполниться им.

---

1 Исайя, 45:7.

Пути преодоления страха темноты у детей

Как уже было сказано, страх имеет позитивное значение, он призван защищать нас от опасностей. И вместе с тем нужно научиться правильно использовать его. В случае со страхом темноты, например, ребенку лучше привыкнуть бояться темноты за окнами, чем гулять по ночам в одиночку. Но как нам помочь ему управлять своим страхом? Вот несколько простых способов и принципов:

1) Проявлять открытость и сопереживание

Старайтесь поощрять ребенка, чтобы он признавался вам в своих страхах и делился ими. Для этого ребенок должен доверять вам, чувствовать с вашей стороны поддержку и любовь. Расскажите ему, что детьми вы тоже боялись и до сих пор иногда побаиваетесь, но у вас есть средства, помогающие справиться со страхами. Раскройте страх вместе с ребенком и научите его, как правильно работать с ним.

2) Объяснять ребенку причину его страха

Все мы боимся незнакомых вещей и мест, так как вообще страшимся неизвестного. В темноте трудно узнавать предметы, и потому они кажутся нам чужими. Взрослые боятся этого меньше, поскольку уже знают, что предметы не меняют своей формы в темноте. С другой стороны, детям нужно не раз пережить это ощущение, чтобы в итоге убедиться: во тьме все вещи остаются точно такими же, как и при свете дня.

3) Восполнить ребенку недостающие сведения о самом предмете страха

Ребенку надо узнать всю подноготную темноты — и тогда она перестанет вызывать в нем чувство неопределенности и беспомощности. Например, рекомендуется снова и снова перебирать с ним все предметы в его комнате — так, чтобы даже ночью, не зажигая свет, он знал, чтó перед ним находится. В результате темнота перестанет быть для него чем-то неведомым, она больше не будет таить угрозу и приводить его в страх. Вы можете зажигать и вновь тушить свет, чтоб показывать ребенку, как вещи выглядят в темноте, а затем возвращаются в знакомое состояние, снова и снова. Эти повторяющиеся впечатления уменьшат угрозу, которую ребенок ощущает в темноте.

4) Использовать страх

В принципе было бы неверно пытаться свести на нет страх темноты. Напротив, нам нужно использовать его, чтобы обеспечить ребенка средствами, позволяющими справиться со страхом вообще и с темнотой в частности. Поэтому мы не будем оставлять в комнате большой свет на всю ночь, а зажжем маленький светильник. Можно также воспользоваться советами, которые приводятся далее в разделе «Упражнения по преодолению страха темноты для родителей и детей».

5) Помощь товарищей

Мы уже говорили о том, что чувство принадлежности к обществу начинает развиваться у ребенка примерно с трех лет. С этого времени в нем растет и крепнет ощущение социальной поддержки или ее отсутствия. Одновременно с этим ребенок начинает определяться с тем, кто называется товарищем, что значит действовать сообща, с кем ему приятно играть и т.п. Он осознаёт смысл понятия «вместе», узнаёт о дружбе и близости.

Поэтому с трех лет можно эффективно справляться со страхами при помощи окружения. Например, для преодоления страха темноты можно дать детям фонарики и накрыть их одеялом, чтобы они светили друг другу. Эта игра подходит и для садика, и для дома — разумеется, под наблюдением взрослого. Можно также вместе играть с закрытыми или завязанными глазами, набираясь опыта в позитивных впечатлениях от темноты.

В целом важно отметить, что для ребенка общество детей играет более значительную роль, чем общество взрослых. В детском окружении он учится тому, кем стоит быть, как стоит себя вести, чего стоит добиваться и т.д. Поэтому, решая различные проблемы взросления и воспитания, мы должны иметь в виду окружение ребенка, а иногда даже прибегать к помощи группы, в которой он находится (сад, школа).

Окружение товарищей можно сравнить с внешним кругом семьи. Среди родных людей ребенок обретает уверенность и меньше боится — точно так же он может воспользоваться и товарищеской средой, чтобы увереннее чувствовать себя в жизни.

В тех случаях, когда ребенок нуждается в индивидуальной помощи, стоит сочетать ее с помощью группы — не забывая о профессиональной консультации. Эти меры следует адаптировать к степени страха, причинам страха (травма или особенности развития), возрасту ребенка и способности родителей участвовать в процессе.

6) Объяснять ребенку, что страх помогает развиваться и двигаться дальше

Проводите с ребенком беседы о пользе темноты, о том, что она толкает нас вперед, пробуждая новые желания. Ведь мы хотим узнать, чтó скрывается в темноте или по ту ее сторону. Знание снижает степень страха.

Таковы принципы правильной работы с каждым страхом, пробуждающимся у нас и у наших детей: поставлять объяснения и информацию о причинах страха и о той пользе, которую мы извлечем, преодолев его, а также позволять детям решать возникшую проблему группой.

> **Примечание:** стоит учитывать, что иногда дети склонны называть свои ощущения «страхами», подразумевая при этом совершенно другие вещи. И еще: единый комплекс групповых мероприятий позволяет давать ответ по целому спектру проблем.

Упражнения по преодолению страха темноты для родителей и детей

1. Поиграть в комнате со светом и темнотой и показать ребенку, что фактически во мраке всё остается по-прежнему. С этой целью можно использовать фонарики, вместе включая и выключая их, а также варьировать уровень освещения.
2. Когда за окном еще день, можно завязать ребенку глаза платком и поиграть с ним в комнате. При этом он знает, что снаружи светло, хотя самого себя ощущает в темноте. Из этого он сможет понять, что всё зависит от его восприятия, а не от того, что представляется ему существующим вовне.
3. Стоит вложить деньги и купить простейший прибор ночного видения и дать его ребенку в темной комнате. Это проиллюстрирует ему, что темнота – это не полный мрак, а ситуация, при которой наше зрение ослабевает. Однако есть средства, при помощи которых мы можем видеть и во тьме.

4. Во время тех или иных упражнений в темноте стоит обратить внимание ребенка на то, что когда зрение слабеет, другие чувства, наоборот, обостряются и вызывают не испытанные ранее ощущения. Мы лучше слышим, чутче воспринимаем движения в комнате и т.д.
5. Запустить ребенка с несколькими приятелями в темную комнату и позволить им поиграть в групповую игру – например, в салочки, или вместе собрать несложный пазл (можно также выполнять это упражнение с закрытыми глазами). Тем самым дети буду преодолевать страх вместе, группой. Еще одно преимущество групповых игр состоит в том, что они учат ребенка полагаться на других. Тем самым у него растет уверенность в окружении, и он меньше боится того, что с ним случится что-то плохое.
6. Почитать ребенку рассказы и стихи, описывающие различные состояния страха у детей и пути его преодоления. Это можно делать дома: кто-то из родителей или ребенок читает произведение вслух, а затем все вместе обсуждают его. Можно также вести чтение в группе с шести лет и старше – здесь тоже очень рекомендуется проводить совместное обсуждение.

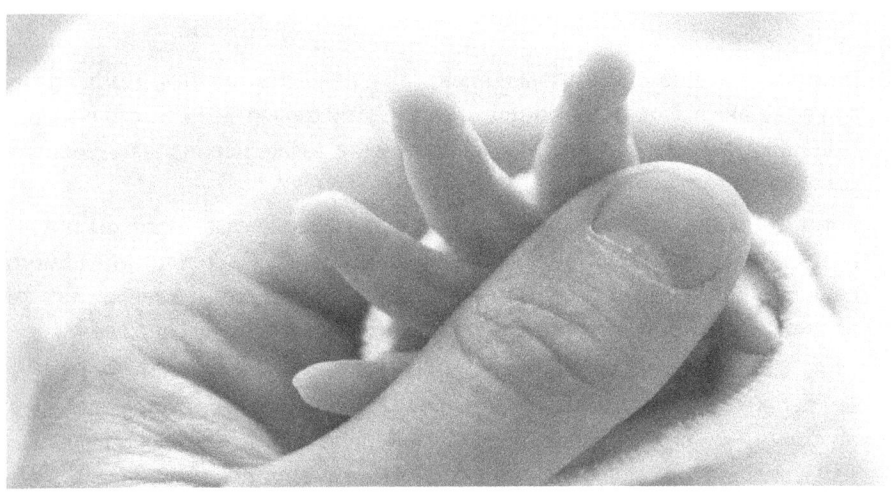

В завершение

Важно помнить, что подъем над страхом представляет собой процесс, а не одноразовое действие. Поэтому упражнения и игры надо повторять снова и снова, пока мы не увидим, что страх спадает. Если спустя некоторое время чувство страха или тревоги не ослабело, стоит выяснить с ребенком посредством короткой беседы или рисунка, чтó именно вызывает его опасения, и адаптировать нашу помощь к специфике данного случая, пока проблема не будет решена.

Еще одна рекомендация: подвергать ребенка возбуждающим факторам в порядке усиления: от наименее пугающих до наиболее угрожающих — тщательно проверяя, готов ли он к следующему этапу.

Можно и должно реализовывать сказанное в этой части сообразно с различными страхами ребенка.

В следующей части представлены рассказы, стихотворения и игры, которые помогут вам в общих усилиях по преодолению детских страхов.

Игры и стихотворения на тему страха

Примечание

Материалы, представленные в этой части, адаптированы для детей от 3 лет и старше.

Стихи и рассказы предназначены для младшей категории – детей нежного и детсадовского возраста. С другой стороны, игры подходят для всех возрастов, поскольку каждую можно привести в соответствие с конкретными требованиями.

Приятного времяпрепровождения!

Игра "Ты не один"

Целевая аудитория: семья, садик для старших, школа.

Возраст: 3 года и старше.

Количество участников: минимум 2 (один из них – взрослый), предпочтительно 5.

Цель: придать участникам ощущение, что кто-то поддерживает их, заботится о них и следит, чтобы им не сделали ничего плохого. А кроме того, укрепить уверенность участников друг в друге и упрочить связь между ними.

Аксессуары: пара сильных, заботливых рук, матрас.

Акценты: тот, кто ловит ребенка, должен быть физически способен на это. Кроме того, следует позаботиться о достаточном количестве матрасов.

Вариант 1

1) Кладем матрас на пол.
2) Взрослый становится с одной стороны матраса лицом к нему, а один из детей – с другой стороны, спиной к матрасу.
3) Взрослый вытягивает руки перед собой и оставляет их выпрямленными, чтобы поймать ребенка (см. рисунок).
4) Ребенок с открытыми/закрытыми/завязанными глазами падает назад на руки взрослого.
5) Взрослый ловит его.
6) Стоит повторить упражнение по меньшей мере дважды или до тех пор, пока ребенок не почувствует, что получает от этого удовольствие и не испытывает опасений.

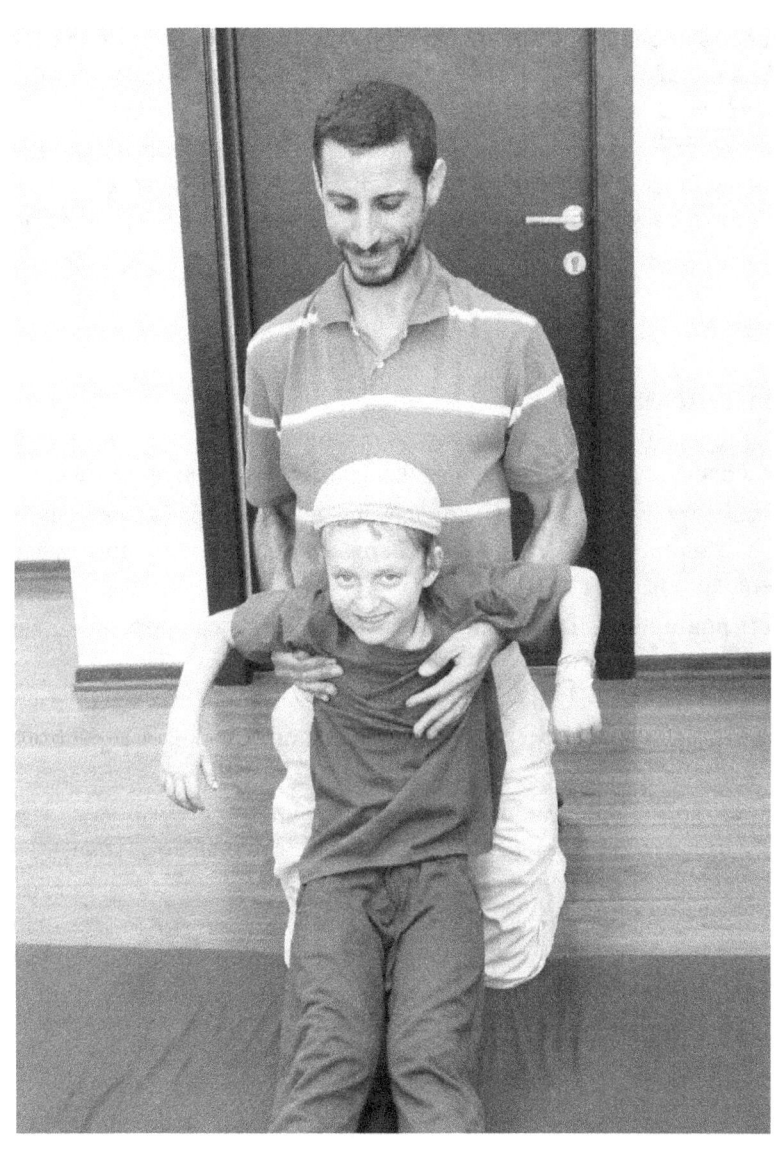

7) А теперь проверим с ребенком, отступал ли его страх с каждым разом всё дальше? Если да, то почему? Чувствовал ли он уверенность в родителях?

8) Для тех, кому перевалило за 6, можно расширить обсуждение: «Чему вы научились из противостояния страху?» «Знали/чувствовали ли вы, что кто-то вас оберегает?» «Какие ощущения это у вас вызвало?»

Вариант 2

<u>В кругу/группе</u>

1) Один из участников стоит посередине, а все остальные – вокруг него, плечом к плечу, с руками, вытянутыми вперед и готовыми поймать его.

2) Решаем, кто будет ловить участника, стоящего в центре (желательно, чтобы это был один из взрослых). Затем бережно передаем «облокотившегося» центрового из рук в руки по кругу.

3) Стоит повторить это упражнение по меньшей мере дважды с каждым участником, позволив им испытать это ощущение.

4) Теперь проверим с ребенком: отступал ли его страх с каждым разом всё дальше? Если да, то почему? Чувствовал ли он, что может довериться тем, кто его ловил?

5) Для тех, кому перевалило за 6, можно расширить обсуждение: чему они научились из противостояния страху? Знали/чувствовали ли они, что кто-то их оберегает? Какие ощущения это у них вызвало?

6) Дополнительные вопросы: «Хотели бы вы чувствовать то же самое и в классе?» «Как придать такую уверенность каждому товарищу по классу?» «Какие отношения должны царить между нами для этого?» «Что можно сделать, чтобы достичь этого?»

Важно: следует проявить рассудительность, решая, кто из детей может стоять в центре круга, а кто будет ловить его. Здесь также нужны по меньшей мере два матраса, сложенные друг с другом внутри круга.

*** Инструктаж для ведущего***
Прежде всего, следует удостовериться, что ребенок заинтересован в выполнении задания и не слишком боится его. В этом упражнении кроется большой потенциал: ведь, несмотря на некоторые опасения, ребенок чувствует, что способен преодолеть их. Это преодоление становится возможным потому, что он не один, а вместе с теми, кто о нем заботится; а также потому, что на опыте этого упражнения ребенок обретает знание – знакомится с ситуацией. Иными словами, знание – одно из важнейших средств для сокращения страха. В данном случае ребенок примерно представляет себе, когда взрослый его поймает, ознакомился с ощущением его объятий, понимает, что о нем заботятся и т.д.

Пазл-сердце

Целевая аудитория: семья, садик, школа.

Возраст: 5 лет и старше.

Количество участников: 2-10 (если в группе больше участников, можно выбрать 10 добровольцев, каждый из которых возьмет по 1-2 части пазла).

Цель: Участники поделятся друг с другом своими страхами, расскажут о том, в какой помощи нуждаются, и вместе найдут подходящие решения.

Аксессуары: Пазл, желательно с изображением сердца.

Порядок действий:

1) Кладем на стол части пазла лицевой стороной вверх (или вниз, если хотим повысить степень сложности).

2) Каждый из участников (включая взрослых) в свой черед берет часть пазла и рассказывает о том, чего он опасается/боится, или о неприятном событии, которое произошло с ним сегодня. Все участники пытаются вместе предложить решение, которое позволит ему преодолеть это препятствие.

    Акценты: описание должно быть кратким; один из взрослых ведет игру и подытоживает предлагаемые решения устно или письменно; он же помогает маленьким детям, в реальном времени поощряя их участие и готовность рассказывать.

3) Когда решения собраны и из них выбрано одно, устраивающее всех, можно положить часть пазла на соответствующее место.

4) Переходим к следующему участнику, и так, пока пазл не будет собран полностью.

5) Можно записывать обсуждаемые проблемы и предлагаемые решения и резюмировать их в конце игры.

6) Желательно сделать выводы и проанализировать с участниками: что они чувствовали, когда все приходили им на помощь в поиске решения? Какие решения им больше понравились: те, которые охватывали всю группу/семью, или те, которые предлагали им действовать в одиночку? Как теперь они чувствуют себя перед своим страхом?

*** Инструктаж для ведущего***
В этой игре акцент делается на совместном поиске решения. Рекомендуется отыскивать такие решения, в которых задействуются все участники. Тогда каждый из них почувствует причастность и уверенность. Родителям: желательно играть в эту игру в четко обозначенное семейное время, чтобы к ней было приковано всё внимание ребенка. Разумеется, и взрослые должны делиться своими мыслями и страхами.

Ролевая игра

Целевая аудитория: семья, садик, школа.
Возраст: 4-9 лет.
Количество участников: 2-4 (в садике остальные являются зрителями и участвуют в других циклах).
Цель: ребенок сам находит способы справиться со своим страхом.
Аксессуары: нет.

Порядок действий (4-6 лет):

1) <u>В семье</u>: взрослый рассказывает о том, что испугало его, когда он был маленьким, и просит ребенка описать ситуацию, в которой он тоже испытывает страх.

   <u>В группе</u>: ведущий приглашает членов группы поделиться тем, что их пугает, или рассказать о ситуации, в которой они испытывали опасения (таким образом, страх, на котором строится игра, будет общим для многих детей, а не только для одного).

   > **Акценты:** стоит придать описанию легкий драматический оттенок, чтобы сохранять на протяжении игры атмосферу достоверности и подлинности, не отказываясь при этом от непринужденности. Разумеется, в конце каждой истории взрослый благодарит ребенка за честность и готовность поделиться.

2) Взрослый предлагает ролевую игру.

<u>В семье</u>: взрослый и ребенок меняются ролями.

<u>В группе</u> выбираются два добровольца. Тот, кто описал объект своего страха, играет взрослого, а второй играет ребенка. Можно также задействовать

четырёх добровольцев, чтобы найти больше решений: в таком случае двое выступают в роли взрослого, а двое других – в роли ребенка.

3) Ролевую игру начинает «ребенок», который рассказывает о своем страхе, после чего «взрослый» выдвигает идеи для решения проблемы. Диалог ведется до тех пор, пока оба ребенка (воображаемый и настоящий) не останутся довольны предложенными решениями. Согласно установке, нужно предлагать такие решения, которые привлекут людей, способных помочь ребенку справиться со своим страхом, – так чтобы ребенку не пришлось преодолевать страх в одиночку. Кроме того, если он склоняется к определенному решению, то должен убедить других, что оно действительно подходит.

4) Мы задаем вопрос ребенку, который действительно испытал этот страх: какое решение ему больше всего понравилось и почему? Мы спрашиваем взрослого или ребенка, не испытавшего этот страх: что побудило его предложить именно такое решение? Что он думает об этом решении? Мы спрашиваем у всех: чем это решение отличается от других?

Порядок действий (7-9) лет:

Ход упражнения сходен с вышеописанным, но участник, играющий «взрослого», получает решения в письменном виде от всех остальных участников. «Взрослый», или ведущий, выбирает несколько решений и предлагает их «ребенку» по ходу ролевой игры. В конечном счете, группе придется обсудить, какое решение наиболее убедительно.

> **Акценты:** стоит рекомендовать те решения, в которые вовлечены товарищи или взрослые, так чтобы ребенок не был один. Решение, которое задействует группу, – хороший пример.

*** Инструктаж для ведущего***

Во-первых, мы побуждаем детей к поиску решений по преодолению своих страхов. А кроме того, мы помогаем им усвоить эти решения – ведь по ходу игры дети убеждают других в их действенности.

В семье – это замечательная возможность для взрослого взглянуть на страхи ребенка в новом ракурсе и увидеть, каких сведений о мире ему недостает. Пополнив знания ребенка о мире, мы понизим уровень его страхов.

В группе, когда каждый ребенок будет выражать свою точку зрения, мы увидим, что боятся все, но у каждого страх немножко другой.

Игра
"История преодоления"

Целевая аудитория: семья, садик, школа.
Возраст: 4-11 лет.
Количество участников: минимум два.
Цель: Описывая страх или затруднение, ребенок распознаёт свойства и людей, которые помогут ему справляться с трудными ситуациями.
Аксессуары: лист бумаги формата А4, фломастеры.

Порядок действий:

В этой игре мы придумываем историю – устно или с помощью рисунка. Далее мы опишем, как создавать рисунок, однако все этапы можно осуществить и в устной форме. Стоит предложить ребенку оба варианта, предоставив ему возможность выбора.

1) Делим лист бумаги формата А4 на восемь частей, сложив его или расчертив с помощью карандаша и линейки.
2) Посредством наводящих вопросов создаем подходящий рисунок (и/или рассказываем историю) в каждой части, согласно следующему порядку:
a) Кто является героем рассказа, как он выглядит, мальчик он или девочка, какие у него отличительные качества?

Пример: когда-то много лет назад жила-была маленькая девочка, которую звали Майя. У не были длинные красивые локоны и доброе, отзывчивое сердце. У Майи всегда было много чудесных идей для игр, и все любили играть с ней...

а) <u>Возраст 4-6 лет</u>: с какой проблемой сталкивается герой? <u>Возраст 7-11 лет</u>: чего боится герой? О чем думает, когда боится? Скажем, о том, что случится нечто плохое, с чем он не в силах справиться...

Пример: *...И все-таки Майя не решалась заговорить на занятиях в детском садике. Даже когда она была совершенна уверена, что знает правильный ответ, когда он уже хотел слететь у неё с кончика языка, она боялась, что ошибется и над ней будут смеяться. И потому она никогда не поднимала руку и не говорила.*

б) Кто те люди, которые оберегают героя и способны помочь ему в трудный час (семья, товарищи)? Можно ли привести пример помощи, которую он получил от них?

Пример: папа всегда напоминал Майе, что она напрасно опасается. Дома, видя, что она хочет что-то сказать, он улыбался ей. Тогда она успокаивалась и начинала разговаривать.

Когда мама спросила ее, как прошел день в детском саду, Майя немного пригорюнилась. Мама попыталась выяснить, что случилось, и наконец Майя рассказала ей, что она стесняется разговаривать при встрече с детьми и не осмеливается поднять руку, чтобы дать ответ. Ей всегда кажется, что она ошибается, а потом ей очень досадно, когда выясняется, что она была права и никто об этом не знал. Мама сразу решила помочь Майе, и вместе они стали думать, как поступить.

в) Чему герой научился, когда ему понадобилась помощь и он получил ее?

г) Какие качества помогли ему справиться с ситуацией? Здесь стоит подчеркнуть такие качества, как способность попросить о помощи, прислушаться, научиться чему-то новому и т.п.

Пример: мама напомнила Майе о различных случаях, когда она, наоборот, проявляла смелость. Во время прогулки она бесстрашно забралась на большие валуны. На детской площадке она поднималась на самые высокие ступеньки. Мама добавила, что умение попросить у кого-то совета – это важное качество, которое помогает получить помощь.

д) Что может помешать герою справиться со страхом? Например, он стесняется попросить о помощи или не хочет ничего менять.

е) Что герой должен или хотел бы узнать/сделать, чтобы меньше бояться? Например, он должен узнать о том, что в темноте нет ничего такого, чего бы не было при свете; что всегда кто-то думает и заботится о нем, и т.д.

ж) Как герой в итоге преодолевает страх благодаря заботе других людей и знаниям, которые он приобрел?

Пример: Майя приняла близко к сердцу слова мамы и папы. Однажды, когда в садике говорили о временах года и она точно знала правильный ответ, слова уже готовы были вырваться из её рта... Еще немного... В это время Саша улыбнулся ей, и она вдруг подняла руку... Воспитательница осталась очень довольна, а сама Майя была на седьмом небе от счастья...

2) По завершении истории стоит спросить: «Как поступит наш герой, когда он снова испугается? Какими навыками он воспользуется и к кому обратится за помощью?»

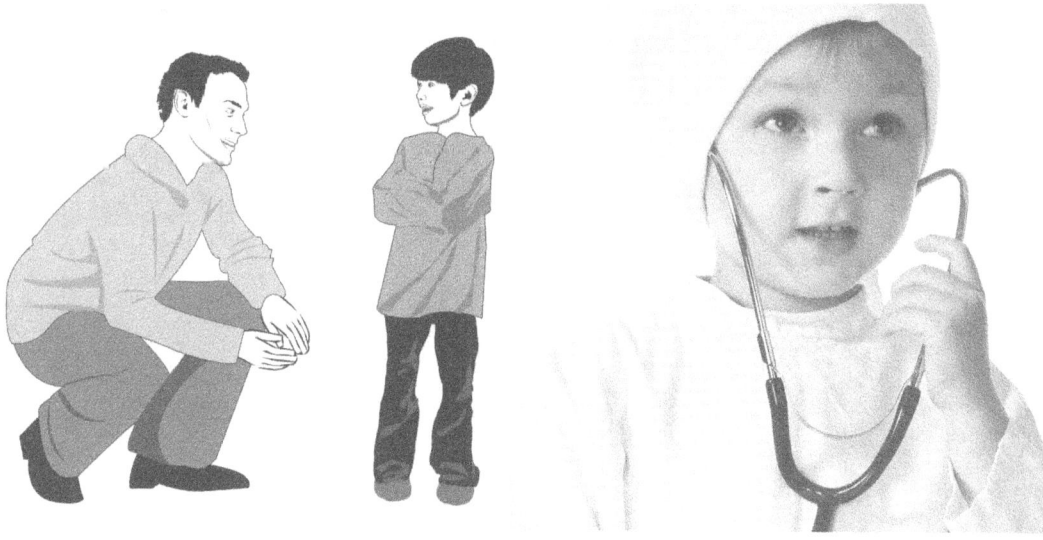

Акценты: проблемы могут описываться самые разные — к примеру, герой забыл зонт и попал под дождь. При этом нежелательно использовать объект основного страха, особенно с маленькими детьми в возрасте 4-6 лет. Если ребенок серьезно боится темноты, совсем необязательно фокусироваться на этом напрямую. Напротив, можно поговорить о других страхах и проблемах, о различных путях их преодоления, так чтобы ребенок учился и набирался сил.

*** Инструктаж для ведущего***
Стоит поупражняться с ребенком в составлении историй, описывающих преодоление трудностей и страхов. Постепенно он осознает и поймет, что в его распоряжении имеется целый набор вспомогательных инструментов: его уникальность, его близкие (товарищи, семья и т.д.). Чем больше вы будете упражняться, тем лучше он сможет использовать эти средства в будущем.

Важно помнить, что некоторые дети лучше выражают себя посредством рисунков, тогда как другие предпочитают слова. Пускай каждый ребенок сам выберет то, что ему по душе.

Игра "Явное и скрытое"

Целевая аудитория: семья, садик, первый класс.

Возраст: 3-7 лет.

Количество участников: 2-15.

Цели:

1. Понять, что темнота мешает нам видеть знакомые вещи, хотя при этом они не меняются.

2. Поучаствовать в процессе, по ходу которого тьма превращается в успокаивающий фактор.

3. Настроиться на активное противостояние страхам – например, при помощи товарищей.

Аксессуары: игрушка, которая движется посредством дистанционного управления, или предмет, издающий звуки, а также многослойная целлофановая обертка, сквозь которую ничего нельзя разглядеть.

Порядок действий:

1) <u>Возраст 3-4 года</u>: ведущий кладет посреди круга предмет, завернутый в многослойный целлофан. «Это очень простая вещь, – говорит он. – Но она скрыта. Давайте попробуем догадаться, что это такое».

> **Акценты:** с детьми в возрасте до 4 лет, возможно, стоит использовать предмет, который не движется, – чтобы он их не испугал.

2) <u>Возраст 5-6 лет</u>: даем сходные инструкции. Однако со старшими можно провести анализ рассуждений посредством вопросов: «Почему ты думаешь, что это... (название предмета)? Может ли это быть чем-то другим? Чем, например?»

3) Ведущий предлагает добровольцу снять один слой целлофана и снова спрашивает: «Что это за предмет?» Дети могут отвечать все вместе.

4) Слой снимается за слоем, и каждый раз ведущий задает тот же вопрос. Время от времени он может сдвигать предмет с помощью дистанционного пульта или извлекать из него звуки, а затем спрашивать у участников: «Страшно ли нам, когда мы не знаем, что это за предмет, но видим, как он двигается (слышим, как он издает звуки)?» Можно также предложить детям посветить на предмет фонариками и попробовать разглядеть что-то через целлофан.

5) Когда участники, наконец, разворачивают последний слой обертки, ведущий спрашивает: «Когда нам было страшнее: до того как мы развернули предмет, а он двигался (издавал звуки), или после того как мы узнали, что это такое? Почему? Если бы мы были одни, испугались бы мы сильнее или слабее, чем вместе с товарищами?»

6) В завершение можно сказать, что даже самая простая вещь способна нас напугать, если мы не видим ее отчетливо или не понимаем, что это такое. Разумеется, во тьме надо остерегаться опасностей – например, быть осторожными, чтобы не удариться обо что-то и не упасть; но есть вещи, которые можно изучать вместе с товарищами, и тогда нам будет не так страшно.

*** Инструктаж для ведущего***
Стоит упражняться с ребенком в различных способах преодоления трудностей, порождаемых страхом. Можно объяснить ему, что когда мы не знаем о чем-то, это нас пугает. В темноте мы боимся, потому что плохо видим и хуже распознаём предметы. Всё, что нам нужно сделать, это прибегнуть к помощи друзей, семьи и/или фонарика. Стоит объяснить также, что если бы все время было светло, мы бы даже и не знали, что это свет. Только благодаря темноте, мы понимаем, что такое свет, – потому что они противоположны друг другу. Опыт перехода от пугающего состояния к прояснению и преодолению помехи понуждает ребенка активно противостоять пугающим образам путем поиска реальных решений. Постепенно он уясняет для себя, что темнота просто затушевывает знакомые нам вещи.

Игра с тенью

Целевая аудитория: семья, садик, первый класс.
Возраст: 3-7 лет.
Количество участников: 2 и больше.
Цели:
1. Дать ребенку понять, что в даже темноте различные предметы сохраняют свои качества и не меняются.
2. Придать ребенку положительные эмоции и чувство наслаждения в игре с темнотой.
3. Развить способность узнавать предметы в темноте.
Аксессуары: прозрачная занавесь, ночная лампа за занавесью, предметы для отгадывания.
Подготовка: затемняем комнату и зажигаем ночную лампочку за прозрачной занавесью.

Игра первая: кто это?

Заводим несколько участников или кладем несколько предметов за занавеску и представляем их по одному. Участники должны догадаться, кто или что скрывается за занавеской.

Игра вторая: что за зверь?

Учим участников делать руками тени животных за занавеской и превращаем это в загадку: каждый ребенок по очереди представляет какое-то животное, а группа угадывает его.

*** Инструктаж для ведущего***

Основная цель этих игр – вызвать удовольствие в связи с темнотой. Тогда ребенок поймет, что не всякий предмет в темноте обязательно несет угрозу. Оказывается, во мраке бывают замечательные вещи. Мы позволяем детям испытать себя по обе стороны занавески: и со стороны «темноты», имея чуть меньше сведений, и со стороны «света», где ребенок лучше знает и контролирует происходящее.

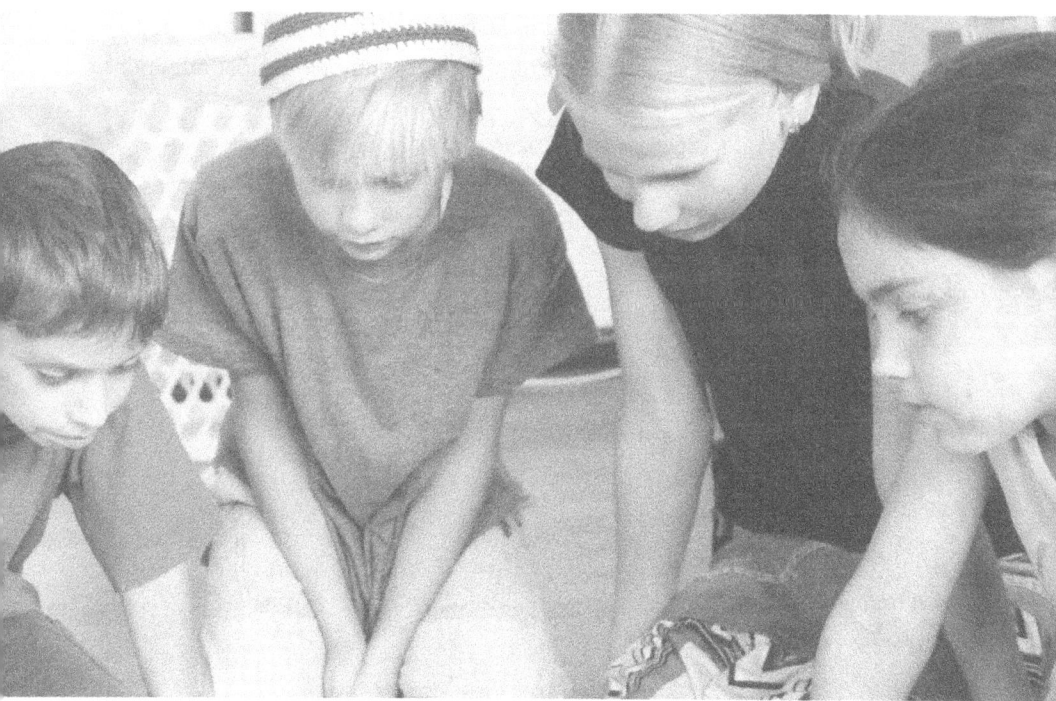

Стихотворение "А ночью, а ночью..."

Целевая аудитория: семья, садик.

Возраст: 3-6 лет.

Количество участников: без ограничения.

Цели:

1. Ребенок сможет рассказать о своих страхах.
2. Ребенок увидит, как другие справляются со своими страхами.
3. Ребенок поймет, как прибегать к помощи других, чтобы преодолеть страх.

Аксессуары: фонарик (если ребенок захочет попробовать сам).

Когда приходит темнота,
Бывает страшно иногда.
Всё, что я вижу в свете дня,
Вдруг ускользает от меня.
С тревогой я смотрю на дом,
Как будто он мне незнаком.

Но мама рядом. Вот она
Включает лампу у окна
И открывает шире дверь.
Уже не так темно теперь.

Затем фонарик мы берем
И освещаем всё кругом.
И снова в комнате моей
Я вижу всех своих друзей:
Игрушки у двери в углу,
И оба тапка на полу,
Одежда, полки, шкаф, ночник,
Кровать, подушка, стопка книг.

И под кроватью светим мы,
Чтобы не бояться больше тьмы.
Потом – за шкаф, и на порог,
И даже светим в потолок.

Мигает мама фонарем:
«Смотри: всё так же, как и днем.
Светло – темно, светло – темно,
А нам с тобою все равно».

Тогда проходит мой испуг.
Ведь всё знакомо мне вокруг.
Есть у меня секрет простой:
Мы подружились с темнотой.

Порядок действий:

1) Прочитайте стихотворение.
2) Обсудите следующие вопросы: почему ребенок в стихотворении боится? Что помогает ему бояться меньше? К чьей помощи он прибегает? Становится ли ему легче, когда он видит, что в темноте всё остается таким же, как было?
3) Копнем глубже: «Если ты испугаешься чего-нибудь, то у кого попросишь помощи? Что бы ты хотел знать, чтобы меньше бояться?» (этот вопрос подходит для детей в возрасте 5-6 лет)

> *** **Инструктаж для ведущего** ***
> Стихи позволяют ребенку иметь дело с чужими страхами, а не со своими напрямую. Благодаря этому он может говорить о своих мыслях и чувствах, находить и предлагать пути преодоления трудностей. Если речь идет о вашем ребенке, можно предложить ему повторять по ходу чтения описываемые действия.

Стихотворение "Преимущество света над тьмой"

Целевая аудитория: семья, садик, первый класс.
Возраст: 4-7 лет.
Количество участников: без ограничения.
Цели:
1. Объяснить ребенку, что у всего в мире есть причина.
2. Продемонстрировать ребенку, чему можно научиться в темноте.

Аксессуары: фонарик.

Когда пришла ночь и стало темно,
Я спросил у папы:
«Зачем вообще нужна эта темнота?
И почему нельзя,
Чтобы солнце светило
Все время-все время, всегда-всегда?»

И папа рассказал мне
О таком особом законе, который называется
«Преимущество света над тьмой».

Он объяснил мне, что только когда темно,
Можно увидеть, что наоборот – это свет.
И только если темно, можно посветить.

И внутри у нас – то же самое.
Иногда у нас бывают неприятные ощущения:
Страхи, печаль и всякая гадость.
И всё это – чтобы мы открыли в себе
Свет любви, несущей нам радость.

Порядок действий:

1) Прочитайте стихотворение.
2) Предложите ребенку маленький эксперимент: выйти на улицу, когда еще светло и зажечь фонарик (можно также посветить фонариком за окно). Спросите его, виден ли свет фонарика? Потом зайдите в темную комнату и снова зажгите фонарик. Виден ли теперь его свет?
3) Спросите: «Почему так происходит?» Потому что только из тьмы можно увидеть свет. <u>Возраст 6-7 лет:</u> «Если бы все время было светло и мы не могли бы оказаться в темноте (ночь, темная комната), то получали бы мы удовольствие от света (скажем, фонарика) так же, как во мраке? Удалось бы нам заснуть? Знали бы цветы, когда закрывать лепестки, а когда распускаться? Знали бы птицы, когда им петь?»
4) Подведем итог: если бы не было темноты, мы бы не ценили свет. Именно благодаря темноте мы можем больше узнать о свете.

*** Инструктаж для ведущего***
Чувство страха неприятно, и потому трудно представить себе страх как нечто позитивное. В книге приведены обстоятельные объяснения на эту тему, чтобы мы могли давать ребенку такие ответы, которые его удовлетворят.

Обсуждение в данном случае выводит ребенка на новый этап и позволяет ему увидеть, что у вещей, которые ощущаются им как отрицательные и пугающие, есть также и положительные стороны. Далее можно перевести разговор на другие свойства и ощущения, которые представляются ему негативными, пугающими или проблематичными. Как уже сказано, мы делаем упор на то, что у всякой вещи есть причина и предназначение, хотя мы не всегда можем разглядеть это без объяснений или помощи.

Стихотворение "Страх – важная вещь"

Целевая аудитория: семья, садик, первый класс.
Возраст: 4-7 лет.
Количество участников: без ограничения.
Цель: проиллюстрировать, как страх помогает нам в повседневной жизни, и подчеркнуть его важность.
Аксессуары: нет.

Страх – важная вещь.
Наш страх – это щит.
Он всегда меня защитит.
Только как он поможет мне?

Страх помогает уберечься от разных
Вещей опасных.
Страх всегда меня бережет
И в плохую ситуацию попасть не дает.

Страх, если ты сильно напуган,
Заставит попросить помощи у друга.
И если за помощью к нему ты пришел,
Вы вместе придете туда, где хорошо.

Порядок действий:

1) Прочитайте стихотворение.
2) Спросите: чем страх помогает нам? Например, каких ситуаций он помогает остерегаться? Что было бы, если бы мы совсем не боялись? Сумели бы мы тогда уберечься от огня или от машины на дороге?
3) Подведите итог: страх показывает нам, чего надо остерегаться, чтобы беречь себя и не вредить другим. В отсутствии страха с нами могли бы приключиться неприятные вещи.

> *** **Инструктаж для ведущего** ***
> Страх вызывает тяжелое чувство, и потому трудно воспринимать его в положительном свете. В предыдущих частях книги приведены обстоятельные объяснения на эту тему. Желательно ознакомиться с ними, чтобы давать детям такие ответы, которые их удовлетворят.

История "О нас и о львах"

Возраст: 3-7 лет.

Количество участников: без ограничения.

Цель: показать детям, что у страха есть важное предназначение, – он побуждает нас учиться тому, как остерегаться опасностей.

Аксессуары: нет.

Вчера у меня был день рождения. Мне исполнилось четыре года. Наконец-то я получила в подарок маленького котенка, рыжего и очень милого. Но это не просто котенок – это котенок, которого я очень-очень хотела… Я расскажу вам, как было дело.

В моем садике есть экран, большой-пребольшой, как в кино. Однажды наша воспитательница показала на этом экране фильм про львов – настоящих!

– Львы относятся к семейству кошачьих, – объяснила воспитательница.

В фильме показывали маму-львицу и двух ее симпатичных детенышей. Как только я их увидела, я сразу решила, что один похож на моего старшего брата Диму, а другой – на меня. Я назвала их Тима и Тома.

Сначала мама-львица облизала львят и помыла их своим языком. Это было очень похоже на то, как наша мама мыла нас, когда мы были совсем маленькими. Только она мыла нас в ванной.

Затем она стала учить своих детенышей, чего надо бояться: больших зверей, опасных хищников, скользкого края скалы, сильного течения…

Я спросила у воспитательницы:

— Разве львы могут бояться? Ведь они такие сильные!

Она ответила:

— Даже самые сильные звери должны уметь остерегаться. Страх защищает Тиму и Тому, он учит их держаться подальше от опасных вещей. Если бы не страх, им пришлось бы нелегко.

А затем случилось вот что: мама-львица аккуратно взяла Тому зубами и перенесла ее в джунгли. Потом она перенесла Тиму.

Я не поняла, куда она забирает их. Тогда воспитательница объяснила нам, что мама взяла своих детей к себе на работу. Я спросила:

— А почему она не может оставить их в детском саду?

— Она должна обучать их самостоятельной жизни, — сказала воспитательница. — Тогда, повзрослев, они смогут позаботиться о себе и выжить в джунглях.

Тут я подумала: «Меня мама тоже как-то брала на работу, но мне никогда не надо было делать то же самое, что и она».

Тем временем мама-львица начала приучать своих детенышей к охоте. Они тренировались с ней, тренировались друг с другом, тренировались с приятелями, а когда им надоело, мама-львица велела им продолжать и даже подтолкнула головой.

Я спросила у воспитательницы:

— Почему она так строга? Может быть, маленькая Тома вообще не хочет охотиться? Может, ей страшно?

В ответ воспитательница объяснила, что львы охотятся, чтобы добывать себе пищу, — такова их природа. Сначала мама учит львят осторожности, показывает, чего надо остерегаться, а чего — нет. Ну а затем она учит их смелости и ловкости, чтобы они сами могли позаботиться о пропитании. Так они становятся настоящими, могучими львами!

Я сказала, что наша мама тоже заботится о нас и предостерегает от опасностей. Раньше, когда мы были маленькими, она следила, чтобы мы не поскользнулись в ванной. Я немного боялась поскользнуться и потому крепко опиралась на ее руку. Ну а теперь я уже большая, и мне больше не нужна мамина рука, чтобы зайти в ванную и выйти из нее.

— Верно, — сказала воспитательница, — это действительно похоже. Каждый должен учиться осторожности. Страх помогает нам понимать, чего надо избегать.

Вернувшись в тот день домой, я попросила у мамы и папы на день рождения маленького рыжего котенка, похожего на львят из фильма.

И вот сейчас я решила, какое имя ему дать.

— Его зовут Лёва, — сказала я маме и папе. Ведь он — словно маленький лев.

Порядок действий:

1) Прочитайте рассказ.
2) Задайте вопросы: «Чем мама-львица похожа на твою маму? – Обе они заботятся о своих детях и обучают их важным вещам. Чему учит детенышей мама-львица? А чему учит твоя мама? Иногда бывает так, что нас учат бояться – например, машин, которые едут по дороге. Важен ли этот страх? Помогает ли он нам? Чем именно?»
3) Подведите итог: страх помогает нам избегать опасных вещей. С его помощью мы учимся правильно вести себя в жизни.

> ***** Инструктаж для ведущего*****
> Мы должны объяснять детям факты жизни, обучая их сначала тому, чего следует остерегаться. Из любви и заботы о наших детях мы, даже не замечая этого, сеем в них страх. Само собой, не рекомендуются предупреждения типа: «Если ты не будешь кушать, придет дядя милиционер». Ведь это порождает лишние страхи. С другой стороны, приветствуется ясная и четкая подача реальных фактов, которая на деле поможет ребенку: «Не играй возле дороги, потому что это опасно!»

Игра "Что у меня в комнате?"

Целевая аудитория: семья.

Возраст: 3-7 лет.

Количество участников: двое: взрослый и ребенок.

Цели:

1. Ребенок познакомится с предметами в своей комнате – как при свете, так и в темноте.
2. Ребенок и взрослый испытают общее удовольствие в таком потенциально страшном месте, как темная комната.
3. Ребенок поймет, что чем больше он знает о пугающем его объекте или состоянии, тем меньше он боится.

Аксессуары: лист бумаги, письменные принадлежности, фломастеры/мелки (или ножницы, клей и газеты), комната, которую можно затемнить, платок для завязывания глаз.

Подготовка: прибрать комнату, так чтобы во тьме ребенок не наткнулся на опасные предметы. Важно, чтобы порядок в комнате оставался как можно более близким к повседневному.

Порядок действий:

1) Взрослый и ребенок вместе входят в освещенную комнату и составляют список всех основных деталей ее обстановки. Если ребенок еще не умеет читать, стоит нарисовать эти предметы, чтобы игра была для него более наглядной, или наклеить вырезки из газет с подходящими фотографиями.

2) Еще раз заходим в освещенную комнату, чтобы ребенок по списку сверил расположение предметов. Повторяем этот этап несколько раз, пока ребенок не запоминает местонахождение вещей.
3) Постепенно затемняем комнату (например, выключаем свет и зажигаем свечку или повязываем платок на глаза).
4) Просим ребенка отыскать предметы из списка. Если он не помнит, зачитываем ему наименования.
5) Продолжаем до тех пор, пока ребенок не пройдет весь список, если только он сам не захочет прекратить раньше.
6) Возраст 5-7 лет: спросим, какой кажется комната сейчас, когда в ней темно? Более страшной, менее страшной или не изменившейся? Теперь, когда ты на память знаешь расположение предметов, чувствуешь ли ты себя увереннее в темной комнате?
7) Подведем итог: часто мы боимся чего-то, потому что недостаточно знаем о предмете своего страха. Раздобыв нужную информацию, мы будем меньше бояться.

Акценты: во время упражнения не стоит оставлять ребенка в комнате одного, если только он сам этого не попросит. Можно также спрашивать его на каждом этапе, хочет ли он, чтобы взрослый остался, или предпочитает быть один в темной комнате? Если он выбирает последнее, взрослый входит тогда, когда ребенок сообщит, что уже знает расположение предметов, – и они вместе проверят это.

*** Инструктаж для ведущего***
Поскольку неизвестность является основной причиной страха, в частности страха темноты, нам нужно предоставить ребенку информацию о предмете его страха. В этом упражнении иллюстрируется страх темноты, однако фактически речь идет о любом страхе. Например, если ребенок боится собак, можно помочь ему в сборе сведений о собаках (с помощью интернета, книга и т.п.). При этом следует помнить, что сбор информации – лишь часть решения. Вдобавок мы должны оказывать поддержку и предлагать помощь со своей стороны и со стороны окружения (близкие, товарищи), чтобы ребенок оптимальным образом справился со своим страхом.

Пазл "Только вместе"

Целевая аудитория: семья, садик, школа.

Возраст: 5-12 лет.

Количество участников: 2-8 (в зависимости от количества частей пазла и возраста детей).

Цель: проверить, как группа работает сообща и поддерживает своих членов в ситуации, когда возникает опасение и неопределенность. В случае необходимости внести улучшения.

Аксессуары: пазл, соответствующий уровню участников, темная комната или повязки на глаза.

Подготовка: прибрать комнату, так чтобы во тьме участники не наткнулись на опасные предметы. Оставить свободное пространство, достаточно большое для сборки пазла.

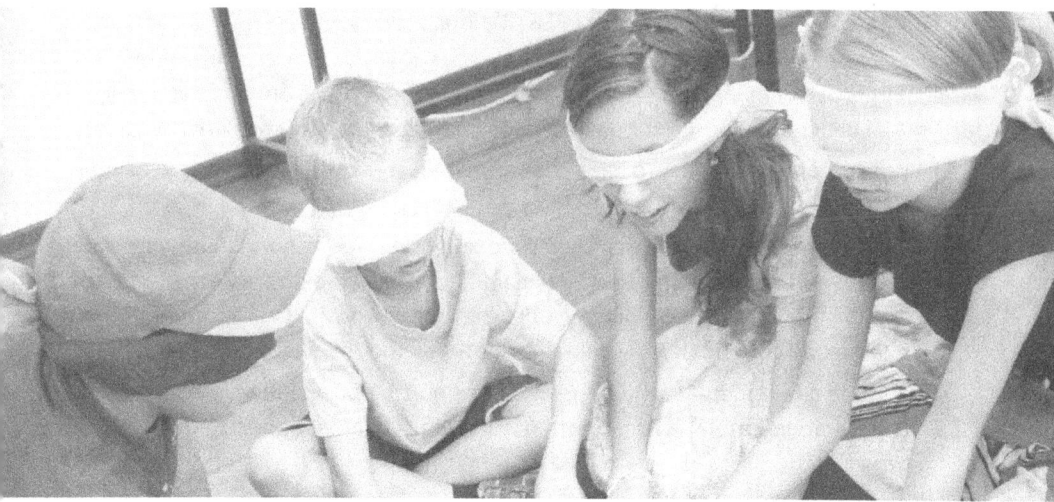

Порядок действий:

1) Делим части пазла между участниками. <u>Возраст 5-6 лет</u> – по одной части на каждого. <u>Возраст 7 лет и старше</u> – по несколько частей на каждого.

2) Входим в комнату, садимся в круг и выключаем свет, либо завязываем глаза. Задача в том, чтобы собрать пазл, несмотря на то что нам не видно его частей и других участников.

3) Если выбран вариант с освещенной комнатой, заранее назначаем 2-4 наблюдателей, которые не будут принимать активного участия в сборке пазла, а в конце опишут то, что происходило по ходу дела.

4) Ведущий играет важную роль: если группа не справляется, он должен остановить процесс и помочь участникам настроиться. Почему у нас не получается? Только ли из-за того, что нет света? Что можно сделать, чтобы добиться успеха? Как мне узнать, какая у меня часть? Надо ли нам придерживаться определенной системы? Как члены группы могут взаимодействовать друг с другом?

   Акценты: с детьми в возрасте до 7 лет ведущий будет также давать ответы, если участники затруднятся с ними. Кроме того, он должен проверять, насколько дети поняли его слова. Если участникам больше 7 лет, ведущий должен инициировать обсуждение, чтобы они смогли сделать на будущее выводы о правилах совместных действий без его помощи.

5) Когда группа уверена, что пазл собран, включаем свет и проверяем, выполнено ли задание.

6) Обсуждение: «Что вы чувствовали по ходу дела? Что доставило вам наибольшее удовольствие? Было ли вам легче действовать вместе, или всё было бы так же, если бы вы делали это в одиночку? Как вы координировались между собой? Чему научились в отношении будущих заданий?»

7) В случае с подростками желательно расширить обсуждение, а если назначались наблюдатели – позволить и им задать группе вопросы.

*** Инструктаж для ведущего***

В этой игре мы можем расширить обсуждение впечатлениями участников, многое узнать о функционировании группы и каждого ее члена. Важно дать группе представление об образе ее действий и предложить подумать о том, как в будущем сообща выполнять совместные задания, особенно если они трудны и/или сопровождаются фактором неопределенности. Важно обратить внимание участников на то, что каждый из них обладает своими уникальными качествами, и потому может внести свой особый вклад в групповую работу. Участники могут также дать отзывы о том, как другие участвовали в выполнении задания.

Короткая история "Сила любви"

Иногда, когда мне страшно
И не заснуть никак,
Я зову маму или папу,
Чтобы они мне почитали о силе любви рассказ.

Вчера пришла мама и снова мне этот рассказ читала.
А потом спросила меня ласково:
«Ну чего ты боишься, сын?»

И я сказал:
«Я боюсь темноты, и вообще я не люблю, когда я один!»
И мама обняла меня крепко-крепко и прижала к себе.
И я почувствовал, что меня любят,
И теперь я справлюсь со всем.

А когда я проснулся рано, и уже было утро,
Я сказал маме, что всё в мире
Делается зачем-то и почему-то.
И если бы мне не было страшно,
Она бы так быстро не подошла.
А мама сказала, что нам подарили еще
Минутку любви и тепла.

Заключительное стихотворение

Человек, поглощенный тьмой,
Тот, что сроду живет во тьме, –
Коль хотят ему посветить,
То сперва приоткрыть должны
Лучик света с игольное ушко.

А затем – чуть больше того,
Раз за разом, еще сильней,
И в итоге весь свет дают,
Как ему и пристало.
Ведь к кому бы ни шло исцеленье –
Никогда не приходит сразу,
А течет к нему понемногу
До тех пор пока человек
Не излечится.

Книга «Зоар», Ваишлах, 91-92

Человек создан не для того,
Чтобы копить богатство и возводить строения,
Но чтобы просить всего,
Что позволит ему обучиться мудрости —
Тому, как любить.

Тогда прозреет его сердце,
И родится в нем иной дух.

Бааль Сулам,
Предисловие к книге «Светлый лик», п.10

Об авторах

Адва Бар-Йегуда – социальный работник, специализируется на психотерапии, занимается расстройствами, связанными со страхом, ведет семинары для родителей и специалистов в области воспитания.

Анатолий Ульянов – психолог, психотерапевт Европейской Ассоциации Гештальт Терапевтов (ЕАГП), тренера Международной академии Лидерства (Санкт-Петербург), научной консультанта многих международных конкурсов и телепрограмм.

Гилад Шадмон – доктор поведенческих наук, директор воспитательной ассоциации «Растем в радости», преподаватель каббалы с 15-летним стажем.

Илья Винокур – докторант гуманитарных наук в Тель-авивском университете, лектор по темам воспитания и каббалы, менеджер по контенту в ассоциации «Растем в радости».

Лимор Софер-Петман – психолог в области прикладного воспитания и психотерапевт. Ведущая семинаров для специалистов и родителей на темы воспитания и развития.

Магнутова Ирэна Юльевна – психиатр, психотерапевт, сексолог, кандидат медицинских наук, до 2007 г. – сотрудник (ассистент) кафедры сексологии Спб МАПО (Санкт-Петербургская международная академия последипломного образования), специалист по развитию ребенка, автор многочисленных статей на эту тему в академических журналах.

Михаэль Лайтман (философия PhD, биокибернетика MSc) – известный ученый-исследователь в области классической каббалы, доктор философии, профессор онтологии и теории познания, основатель и руководитель Международной академии каббалы и Института исследования каббалы им. Й. Ашлага (ARI – Ashlag Research Institute) – независимых, некоммерческих ассоциаций, занимающихся научной и просветительской деятельностью в области науки каббала.

Орен Леви – директор издательства «Каббала ла-ам», редактор восьми книг о каббале и преподаватель каббалы с 13-летним стажем.

Международная академия каббалы

Международная академия каббалы (МАК) основана в 2001 году профессором Михаэлем Лайтманом.

Основная цель организации: изучение и раскрытие законов мироздания, постижение которых приведет к решению как личных проблем каждого человека, так и глобальных проблем всего общества.

Филиалы Академии открыты в 52 странах мира.

Телеканал «Каббала народу» – присоединяйтесь к добру!

66-й телевизионный канал компаний HOT и YES вещает 24 часа в сутки. Единственный в мире канал о каббале для русскоязычной аудитории Израиля. Сквозь века запретов и заблуждений древняя наука входит в каждый дом. Избранные передачи в переводе с иврита и абсолютно новые программы с учетом пожеланий зрителей.

Вы можете изучать каббалу по первоисточникам, не выходя из дома.

Вы научитесь справляться с жизненными трудностями, поймете, как ладить с окружающими, и забудете, что такое скука.

Канал говорит просто – о важном.

Девиз канала – «Присоединяйся к хорошему».

Полное расписание трансляции вы сможете найти на сайте «Каббала народу» по адресу:

WWW.KAB.CO.IL

или по телефону 1-700-509-209.

Сайт Международной академии каббалы

WWW.KABBALAH.INFO/RUS

Сайт Международной академии каббалы отмечен энциклопедией «Британика» как один из крупнейших учебно-образовательных интернет-ресурсов по числу посетителей, количеству и информативности материала.

Он доступен пользователям на 30 языках и насчитывает 4.5 миллиона посетителей в месяц.

Блог Михаэля Лайтмана

WWW.LAITMAN.RU

По словам автора, каббала стала обретать практические формы, ее уже можно применять всем и каждому, а не только специалистам-каббалистам.

Так ли это – вы можете проверить сами на ежедневно обновляемом блоге.

Online-Курс «Основы науки каббала»

www.kabbalah.info/rus/training/

Дистанционный Online-курс курс «Основы науки каббала» – 30 увлекательных уроков в прямом эфире. Обучение и общение, теория и практика. Специальный Online-курс «Подготовка к изучению Книги Зоар» – ступень к знакомству с Книгой Зоар – главной книгой науки каббала.

Курсы дистанционного обучения

WWW.KABACADEMY.COM

Все материалы сайта находятся в открытом доступе, предусмотрено подключение к лекциям в режиме онлайн и прямое взаимодействие с преподавателем. По окончании обучения студент получает диплом и возможность участия в конгрессах, проводимых академией в разных странах мира.

Очная форма обучения

Разные программы обучения «Кампуса каббалы» сочетают академическую учебу с личными чувственными переживаниями. Учеба на кампусе предоставляет широкую и всеобъемлющую информацию о Книге Зоар и науке каббала, знакомит с ее основными положениями, ценностями и особом способе обучения. Учебный материал подается в простой, ясной и понятной форме, от простого к сложному, при использовании материалов источников и статей, написанных великими каббалистами.

Преподавательский состав «кампуса каббалы» — это профессиональные учителя и инструкторы, обладающие богатым опытом в преподавании и развитии уникальных подходов к преподаванию подлинной науки каббала. Отделения «кампуса каббалы» действуют по всей стране.

Для дополнительной информации:

тел. 1-700-509-209, WWW.KAB.CO.IL

Книжный интернет-магазин

Вы можете разместить заказ на сайте
или позвонить по телефонам:

Россия
WWW.KBOOKS.RU
8800 1002145 (звонки по России бесплатно)
+7 (495) 649–6210

WWW.KABBALAHBOOKS.INFO

Заказ книг и учебных материалов
на английском языке:
+1–866 LAITMAN

научно-популярное издание

детские страхи

Каббалистическая психология:
набор инструментов по преодолению страхов

Перевод О. Ицексон
Редакторы И. Колединцев, О. Ицексон
Выпускающие редакторы Д. Гольдин, С. Добродуб
Художественное оформление А. Мохин

Издательство Laitman Kabbalah Publishers

ISBN 978-965-7065-96-9

www.ingramcontent.com/pod-product-compliance
Lightning Source LLC
LaVergne TN
LVHW020447070526
838199LV00063B/4871